5 CONSEJOS PARA EMPEZAR

1) CÓMO RESOLVER LAS SOPA DE LETRAS

Los rompecabezas tienen un formato clásico:

- Las palabras se ocultan sin espacios ni guiones,...
- Orientación: Las palabras pueden escribirse hacia delante, hacia atrás, hacia arriba, hacia abajo o en diagonal (pueden estar invertidas).
- Las palabras pueden superponerse o cruzarse.

2) APRENDIZAJE ACTIVO

Junto a cada palabra hay un espacio para anotar la traducción. Para fomentar un aprendizaje activo, un **DICCIONARIO** al final de esta edición te permitirá comprobar y ampliar tus conocimientos. Busca y anota las traducciones, encuéntralas en el puzzle y añádelas a tu vocabulario!

3) MARCAR LAS PALABRAS

Puedes inventar tu propio sistema de marcado. ¿Quizás ya usas uno? También puedes, por ejemplo, marcar las palabras difíciles de encontrar con una cruz, las que te gustan con una estrella, las nuevas con un triángulo, las raras con un diamante, etc.

4) ESTRUCTURAR EL APRENDIZAJE

Esta edición ofrece un **CUADERNO DE NOTAS** muy práctico al final del libro. En vacaciones, de viaje o en casa, podrás organizar fácilmente tus nuevos conocimientos sin necesidad de un segundo cuaderno!

5) ¿HABÉIS TERMINADO TODAS LAS PARRILLAS?

En las últimas páginas de este libro, en la sección **DESAFÍO FINAL**, encontrarás un juego gratis!

¡Rápido y sencillo! Echa un vistazo a nuestra colección de libros de actividades para tu próximo momento de diversión y aprendizaje, ¡a sólo un clic de distancia!

Encuentre su próximo reto en:

BestActivityBooks.com/MiProximoLibro

En sus marcas, listos, ¡Ya!

¿Sabías que hay unas 7.000 lenguas diferentes en el mundo? Las palabras son preciosas.

Nos encantan los idiomas y hemos trabajado duro para crear libros de la más alta calidad para tí. ¿Nuestros ingredientes?

Una selección de temas adecuados para el aprendizaje, tres buenas porciones de entretenimiento, y luego añadimos una cucharada de palabras difíciles y una pizca de palabras raras. Los servimos con cariño y máxima diversión para que puedas resolver los mejores juegos de palabras y te diviertas aprendiendo!

Tu opinión es esencial. Puedes participar activamente en el éxito de este libro dejándonos un comentario. Nos encantaría saber qué es lo que más le ha gustado de esta edición.

Aquí hay un enlace rápido a tu página de pedidos:

BestBooksActivity.com/Opiniones50

Gracias por tu ayuda y diviértete!

Todo el equipo

1 - Arqueología

```
N O I T A S I L I V I C A J S D
Q O H Y E G Y F P A H P N I G C
X K I N L R H I C N U A A V H Z
M Y S T È R E R È N G D L A Y U
D I Q R A C N B T É S J Y D Y I
E N H E P U H H Y E J V S V E C
S C É P A R L E Z S S T E J B O
C O Q X N V O A R O U B L I É F
E N U E T E T F V C Q B M O D O
N N I U I T K P E É H D C O M S
D U P Q Q E Y H B S S E R R T S
A B E I U M Z G M C S N U K X I
N W L L I P A E O N V E H R P L
T P P E T L W V T G B P U T B E
B Z G R É E C A Q I L T W R U M
J R S D R B L L T O H E Z E C S
```

ANALYSE	FOSSILE
ANTIQUITÉ	OS
ANNÉES	CHERCHEUR
CIVILISATION	MYSTÈRE
DESCENDANT	OBJETS
INCONNU	OUBLIÉ
ÉQUIPE	PROFESSEUR
ÈRE	RELIQUE
ÉVALUATION	TEMPLE
EXPERT	TOMBE

2 - Granja #2

```
O G B F B K C G P Q G L A I T A
W J R U S L A A R A R L P J R G
R J A Z F N N Q É F A E L N M N
Y M P Z O O A O L Z N Q V P D E
V F Q E T Q R U I P G S D L A A
V B R N C A D P X T E M A Ï S U
U P L U O R G E X U A M I N A P
R P Z É I B E R G E R G F F R Z
T C R D B T L A M A G L I B S X
N O U R R I T U R E Y É S R J Q
R U E T L U C I R G A G X E R U
U S T M O U T O N F X U X G B I
C E C Y O F X O Y W J M Q R W M
H V A U Q S O A C L E E E E H B
E T R U Z R D H F X S J H V R B
K T T R F I G N Q H C O N M C F
```

AGRICULTEUR

ANIMAUX

ORGE

RUCHE

NOURRITURE

AGNEAU

FRUIT

GRANGE

VERGER

LAIT

LAMA

MAÏS

MOUTON

BERGER

CANARD

PRÉ

IRRIGATION

TRACTEUR

BLÉ

LÉGUME

3 - La Empresa

```
P R O F E S S I O N N E L F Y P
P O S S I B I L I T É W D T T R
R P Y U W K W D L U S C Q U E É
Q E P B L E L F T V W Q F T N S
M I S T A C O I W X J S N T D E
K N È S B R G T Z A F U T A A N
I N R N O I T A T U P É R F N T
N O G D L U S É R O D D V F C A
D V O D G R R R V X H S É A E T
U A R S É S J C O P V I T I S I
S N P H G C A S E U Q S I R U O
T T K L N Z I L E S N X L E N N
R E M P L O I S A M M K A S I L
I R E V E N U V I I N D U C T X
E P R O D U I T C O R V Q P É M
J Q R C P S Z H Z O N E X Y S A
```

QUALITÉ
CRÉATIF
DÉCISION
EMPLOI
GLOBAL
INDUSTRIE
REVENU
INNOVANT
AFFAIRES
POSSIBILITÉ

PRÉSENTATION
PRODUIT
PROFESSIONNEL
PROGRÈS
RESSOURCES
RÉPUTATION
RISQUES
SALAIRE
TENDANCES
UNITÉS

4 - Aviones

```
H V H V R F T R I A B M X B C I
S D Y A L T I T U D E A H T L S
H É L I C E S D P E U D L W Z N
A L T U A W W E I J T U D L I J
V J K E D D P S L V J O X H O M
E H I G U Z V I O U C Y M E A N
N S N A H M I G T O D I R U T H
T W C S P X V N E C I L E V M I
U B R S C E M G D A R É G L O S
R K A I X I R G R R E Q A R S T
E A O R M I F M U B C U S K P O
H Y D R O G È N E U T I S N H I
Q B T E G Y N C T R I P A B È R
A E I T S R H D U A O A P B R E
S C N T Q P S L A N N G O X E F
Z B A A E J Y R H T M E I R R Q
```

AIR	DESIGN
ALTITUDE	BALLON
HAUTEUR	HÉLICES
ATTERRISSAGE	HYDROGÈNE
ATMOSPHÈRE	HISTOIRE
AVENTURE	MOTEUR
CIEL	PASSAGER
CARBURANT	PILOTE
DIRECTION	ÉQUIPAGE

5 - Tipos de Cabello

```
S  T  O  S  B  W  G  H  X  P  F  H  I  R  Q  E
C  A  L  Y  L  F  B  O  U  C  L  E  S  L  X  R
H  E  I  K  A  R  N  Q  O  K  I  X  F  V  V  T
A  M  L  N  N  I  O  I  D  J  G  O  P  K  P  A
U  V  L  L  C  S  I  A  P  É  F  C  O  U  R  T
V  Q  T  B  T  É  R  N  K  F  L  D  T  I  R  B
E  G  H  D  L  U  E  Z  F  C  C  U  E  E  S  R
K  A  K  S  T  O  C  F  V  U  V  N  D  Z  R  I
O  M  Q  C  I  T  N  E  G  R  A  R  G  N  O  L
M  A  R  R  O  N  I  D  É  S  S  E  R  T  O  L
G  P  S  I  O  R  M  Y  L  E  E  H  V  F  U  A
T  R  A  M  M  T  Y  E  B  C  S  W  T  V  D  N
V  J  J  N  S  R  P  A  B  J  S  F  W  C  Q  T
E  K  Y  R  A  R  G  E  Y  A  E  N  A  G  L  Y
G  R  I  S  Q  G  S  Y  V  G  R  K  I  F  V  K
T  F  O  K  T  M  S  L  P  Q  T  S  Q  T  L  O
```

BLANC	ONDULÉ
BRILLANT	ARGENT
CHAUVE	FRISÉ
COURT	BOUCLES
MINCE	BLOND
GRIS	SAIN
ÉPAIS	SEC
LONG	DOUX
MARRON	TRESSÉ
NOIR	TRESSES

6 - Ética

```
S  Q  Y  T  O  L  É  R  A  N  C  E  B  O  V  D
J  A  A  L  T  R  U  I  S  M  E  R  I  H  A  I
F  N  G  F  J  N  I  Q  V  U  T  A  E  Y  L  P
A  W  J  E  N  K  A  V  E  H  P  T  N  I  E  L
N  O  I  S  S  A  P  M  O  C  H  I  V  W  U  O
S  S  K  D  P  S  H  J  X  J  I  O  E  R  R  M
C  A  O  E  H  T  E  H  M  T  L  N  I  A  S  A
P  I  N  T  É  G  R  I  T  É  O  A  L  I  G  T
Y  A  Q  K  N  D  N  H  J  M  S  L  L  S  Q  I
K  É  T  I  N  A  M  U  H  F  O  I  A  O  D  Q
E  M  S  I  M  I  T  P  O  Q  P  T  N  N  I  U
P  U  É  T  E  T  Ê  N  N  O  H  É  T  N  G  E
S  X  T  Y  G  N  I  F  L  N  I  G  W  A  N  Q
E  X  U  E  U  T  C  E  P  S  E  R  U  B  I  B
T  Z  R  O  E  O  Q  E  D  D  O  F  R  L  T  B
R  É  A  L  I  S  M  E  N  T  V  B  M  E  É  M
```

ALTRUISME	OPTIMISME
BIENVEILLANT	PATIENCE
COMPASSION	RATIONALITÉ
DIGNITÉ	RAISONNABLE
DIPLOMATIQUE	RÉALISME
PHILOSOPHIE	RESPECTUEUX
HONNÊTETÉ	SAGESSE
HUMANITÉ	TOLÉRANCE
INTÉGRITÉ	VALEURS

7 - Ciencia Ficción

```
K U Y X O Q N C A W L L I G M
A E K F R M P H R T D X O M A I
O P L A N È T E T Q A U I A L L
C R O T G O G B K N M Q N G A J
R N A H P B P I E Q E Q T I X M
C O Q C R É A L I S T E A N I Y
F I B J L Z X V G L S M I A E S
E S N O N E D N O M I Ê N I I T
U O O É T B W Z L J R R D R P É
I L I I M S G B O T U T T E O R
L P S C H A J G N Z T X R Y T I
K X U X B E N R H W U E B Z U E
J E L S G U S M C X F I X Q U U
H X L B V Q E F E L I V R E S X
J I I T E U Q I T S A T N A F A
W K A T O M I Q U E N Z O W G E
```

ATOMIQUE

CINÉMA

LOINTAIN

EXPLOSION

EXTRÊME

FANTASTIQUE

FEU

FUTURISTE

GALAXIE

ILLUSION

IMAGINAIRE

LIVRES

MYSTÉRIEUX

MONDE

ORACLE

PLANÈTE

RÉALISTE

ROBOTS

TECHNOLOGIE

UTOPIE

8 - Granja #1

```
V  I  I  P  C  T  T  A  H  C  H  Q  S  N  D  V
E  S  L  U  O  V  T  I  B  O  L  E  E  Q  F  A
A  R  F  I  R  W  M  D  X  E  T  E  R  R  E  C
U  C  P  F  B  W  M  H  X  Â  I  M  U  C  R  H
G  L  A  X  E  D  W  N  P  F  N  L  T  I  V  E
J  Ô  S  I  A  R  G  N  E  Â  U  E  L  U  È  Q
Z  T  B  R  U  M  I  I  C  I  W  M  U  E  H  V
T  U  K  A  N  D  A  O  H  V  H  H  C  F  C  D
H  R  N  L  Q  R  P  F  E  O  Q  C  I  G  Q  T
S  E  G  M  B  G  F  L  V  X  S  U  R  P  T  A
S  U  G  K  F  D  P  U  A  W  V  Q  G  T  P  M
A  R  M  K  S  L  N  C  L  Z  H  X  A  V  O  R
C  R  S  X  Q  C  E  E  G  T  Q  D  O  U  Q
R  I  Z  L  V  S  I  G  I  Q  B  F  S  Z  L  Q
G  R  A  I  N  E  S  M  M  C  H  A  M  P  E  I
J  U  E  R  B  W  D  X  X  P  M  P  J  Q  T  I
```

ABEILLE	CHAT
AGRICULTURE	FOIN
EAU	MIEL
RIZ	CHIEN
ÂNE	POULET
CHEVAL	GRAINES
CHÈVRE	VEAU
CHAMP	TERRE
CORBEAU	VACHE
ENGRAIS	CLÔTURE

9 - Camping

```
L C D U Ë A R C A M A H I R H H
A H F H O I G O L A N I M A U X
N A F I N T V R A K M Q J O W T
T P Z W A Ê Y D C T D E T F X R
E E L A C R N E T R A C A F E U
R A M I B O B V J R L U T Z R U
N U W H P F E R U T N E V A U Y
E S U D L U N E E T C V Y E T A
N I Z L K X S D F S N H C L A B
G G É Q U I P E M E N T A O N N
A W D P J E C N I G E D N S D G
T H M E L C A B I N E P Q S S F
N E T F R I H J A G H U O U W E
O Y P S R I N S E C T E Q O T S
M Y P G G F F J Z S S U P B H F
J X H G I X Q B A N Q M H H I T
```

ANIMAUX	FEU
AVENTURE	HAMAC
ARBRES	INSECTE
FORÊT	LAC
BOUSSOLE	LANTERNE
CABINE	LUNE
CANOË	CARTE
CHASSE	MONTAGNE
CORDE	NATURE
ÉQUIPEMENT	CHAPEAU

10 - Fruta

```
O N T D O I G J K H C I T R O N
Y R O M M Y W Y X H D R W I Q I
D N A I B A I E M B P A M I V H
H F S N X Z G H B P O I E B K R
Y T P G G D W P Q Ê M S L O B P
T A F H Y E E Z Z C M I O R F G
Z C E R I S E C T H E N N M R G
C O N W D A V Q O E R F Q A G V
Q V I Y H N A D C C I R U N F N
C A R R C A Y E I S O A N G X Z
Y G A W Q N O U R E P M Q U Y B
C R T V J A G P B Q O B G E T J
C D C X O Q O L A H W O N S G X
I T E N A N A B O O Q I A F O W
W G N X P A P A Y E H S L Z G I
O D A Q T T K P O U X E N Z S U
```

AVOCAT
ABRICOT
BAIE
CERISE
NOIX DE COCO
FRAMBOISE
GOYAVE
KIWI
CITRON
MANGUE

POMME
PÊCHE
MELON
ORANGE
NECTARINE
PAPAYE
POIRE
ANANAS
BANANE
RAISIN

11 - Geología

```
L V X G O L C T S M L W Z I Z J
L T W C F W O A F W A H M K V P
R Q O M V L L G L M V I F M N X
C O N T I N E N T C E H C U O C
W W C R I S T A U X I C D S I T
S T A L A G M I T E S U A T S Z
L G P Q M I N É R A U X M A O E
L I L U W P P C O N V H O L R D
C Q A A D C G I Q K D P G A É E
A D T R H F K L E S S M E C O F
V F E T O A S K L R M Q Y T D M
E O A Z Z C T S I F R C S I F O
R O U N H H L S S S M E E T V G
N A C I D E Q N S P P S R E J W
E N O Z F J D F O E K F M O F X
V S M M Z D E J F V O L C A N H
```

ACIDE	STALAGMITES
CALCIUM	FOSSILE
COUCHE	GEYSER
CAVERNE	LAVE
CONTINENT	PLATEAU
CORAIL	MINÉRAUX
CRISTAUX	PIERRE
QUARTZ	SEL
ÉROSION	VOLCAN
STALACTITE	ZONE

12 - Álgebra

```
A I M N K M E X F X J L Q C Y F
Z É R O P T A K Q J D X U A F R
U F V I A U S T O P F Z A P H A
T A A T R S T D R P U W N R V C
M C R C E G R M N I I A T O X T
D T I A N N N X A N C X I B Q I
I E A R T S O H D I X E T L F O
V U B T H T I A U F U F É È O N
I R L S È S T M X N K P J M R O
S R E U S I U M P I F B P E M I
I T K O E D L F U L I B G F U T
O F X S R H O V U X I N F X L A
N M A B G C S B J Z Z F O U E U
L I N É A I R E W U L X I T M Q
R Z G R E X P O S A N T Q E I É
N O M B R E M M A R G A I D R A
```

QUANTITÉ
ZÉRO
DIAGRAMME
DIVISION
ÉQUATION
EXPOSANT
FACTEUR
FAUX
FORMULE
FRACTION

INFINI
LINÉAIRE
MATRICE
NOMBRE
PARENTHÈSE
PROBLÈME
SOUSTRACTION
SIMPLIFIER
SOLUTION
VARIABLE

13 - Plantas

```
F  L  O  R  E  R  R  E  I  L  Y  X  M  H  Y  G
N  L  Y  U  L  I  M  S  F  G  H  W  V  E  Q  S
G  W  B  E  L  P  A  Q  Q  N  B  F  G  R  Z  Z
A  W  C  L  I  C  Z  B  B  B  H  H  Q  B  S  W
Q  J  Y  F  U  O  B  M  A  B  Z  A  X  E  C  J
Y  Q  C  D  E  S  S  U  O  M  J  R  Q  L  F  A
T  Ê  R  O  F  O  Z  W  P  E  N  I  C  A  R  R
Z  H  B  O  T  A  N  I  Q  U  E  C  U  T  W  D
E  N  G  R  A  I  S  O  K  Z  M  O  E  É  P  I
C  A  C  T  U  S  V  U  S  Y  A  T  S  P  I  N
K  L  A  C  Y  R  Z  O  Q  S  Z  R  H  H  T  E
V  É  G  É  T  A  T  I  O  N  I  R  B  V  O  A
I  P  F  I  V  A  X  H  E  G  Z  U  H  R  A  A
F  E  U  I  L  L  A  G  E  Q  P  S  B  P  E  H
Q  R  Q  G  Y  U  Y  T  J  J  I  T  O  L  F  J
H  L  C  Q  A  D  B  D  S  I  I  Q  D  U  D  R
```

BUISSON	FEUILLAGE
ARBRE	HARICOT
BAMBOU	LIERRE
BAIE	HERBE
FORÊT	FEUILLE
BOTANIQUE	JARDIN
CACTUS	MOUSSE
ENGRAIS	PÉTALE
FLEUR	RACINE
FLORE	VÉGÉTATION

14 - Suministros de Arte

```
E A U N L A C X R C Q G C P H G
P E C S S N H G S X O E L F L F
E D B K I G E H O S J L E L M U
I C G G C Q V B D M N M L X S B
N I E T A Q A R L K M R I E Q B
T T S C M N L O E L J E G H A X
U S R É É T E S N O Y A R C U L
R O G T R Z T S R E I P A P L F
E D Y I A E O E G U P I D É E S
F B T V S L C S F T E T M W A L
C H A I S E H U I L E L B A T E
E E P T A U X W W R Q X U Y U T
N H V A D O K L W O W F P O M S
C X D É A Q U A R E L L E S C A
R B O R S A P Y O N N U H Y L P
E L O C A C R Y L I Q U E P G S
```

HUILE

ACRYLIQUE

AQUARELLES

EAU

ARGILE

GOMME

CHEVALET

CAMÉRA

BROSSES

COULEURS

CRÉATIVITÉ

IDÉES

CRAYONS

TABLE

PAPIER

PASTELS

COLLE

PEINTURE

CHAISE

ENCRE

15 - Negocio

```
U  S  I  N  E  S  I  D  N  A  H  C  R  A  M  Y
I  M  P  Ô  T  S  U  Q  D  M  I  B  K  U  E  L
G  T  W  F  K  S  Y  R  L  J  G  U  P  M  N  I
Z  Û  W  U  V  K  L  U  T  B  M  R  T  X  T  T
B  O  U  T  I  Q  U  E  A  Q  O  E  N  Z  R  Q
D  C  Z  E  O  V  X  Y  N  R  T  A  N  J  E  M
N  N  O  G  L  M  J  O  Y  N  G  U  D  Y  P  F
C  O  N  D  P  Z  Y  L  O  S  O  E  B  Z  R  S
S  I  B  U  M  I  D  P  Q  E  D  S  N  Q  I  V
W  T  J  B  E  O  A  M  Q  L  E  E  R  T  S  U
É  C  O  N  O  M  I  E  T  N  E  V  S  E  E  D
X  U  J  P  N  X  D  E  M  P  L  O  Y  É  P  X
J  D  D  E  V  I  S  E  O  F  I  N  A  N  C  E
U  É  T  R  A  N  S  A  C  T  I  O  N  K  F  M
C  R  C  A  R  R  I  È  R  E  W  X  X  U  D  H
U  H  K  D  C  J  I  J  N  P  F  X  Y  C  F  N
```

CARRIÈRE
COÛT
RÉDUCTION
ARGENT
ÉCONOMIE
EMPLOYÉ
EMPLOYEUR
ENTREPRISE
USINE
FINANCE

IMPÔTS
MARCHANDISE
DEVISE
BUREAU
PERSONNEL
BUDGET
BOUTIQUE
EMPLOI
TRANSACTION
VENTE

16 - Jardín

```
X S E F A Y P N Y G H B T L T Q
Z O N S R U E L F V H U E F R F
V L M U B U M T E L C I R J A X
W O T X R H A O E W R S R A M K
U B U X E H C R O P M S A R P K
J X W P É U B V G J K O S D O G
U M M C L T L J J B K N S I L I
R O C H E S A P C B V H E N I P
B A N C H L G N K W L E W U N E
J C Y T A Q B Z G U Y R R G E L
V L M V M M P E L O U S E G C L
X Ô H B U K A G A R A G E A E E
X T Q H V R K H R W Y S K T U R
D U Y E O V M D S P U B Z F N E
T R I B G H E R B E T U P N U I
Z E M X R P F Y H T R Â T E A U
```

BUISSON   JARDIN
ARBRE   TUYAU
BANC   PELLE
PELOUSE   PORCHE
ÉTANG   RÂTEAU
FLEUR   ROCHES
GARAGE   SOL
HAMAC   TERRASSE
HERBE   TRAMPOLINE
VERGER   CLÔTURE

17 - Países #2

```
S Y R I E U Q I X E M W C Z D C
I N D O N É S I E U Q Ï A M A J
N A N O U M O T P N R U E C X I
P D J U L L A H T O I U J K Y F
A U F G K G L K D W R A S P E X
K O F A R S L J I H F T R S K X
I S R N A U T R I C H E U K I X
S S A D M G R È C E M D X G U E
T Y N A E H N M R I Y N S Z A I
A R C X N O P A J N S A P L B L
N Z E P A I Q Y Z A Z L L A Y A
F W Z N D W T F L B Q R L Z A R
A Y G O S L K U O L O I F N Y T
U E N V N M M D H A H R Z D W S
F D Q G W C Q M S T F G N W C U
E T H I O P I E F J C E H I Z A
```

ALBANIE	JAPON
AUSTRALIE	LAOS
AUTRICHE	MEXIQUE
DANEMARK	PAKISTAN
ETHIOPIE	PORTUGAL
FRANCE	RUSSIE
GRÈCE	SYRIE
INDONÉSIE	SOUDAN
IRLANDE	UKRAINE
JAMAÏQUE	OUGANDA

18 - Números

```
P  S  K  A  R  E  Q  N  H  J  H  S  M  G  F  B
V  I  L  C  A  J  U  N  E  U  F  U  Z  H  D  O
A  X  M  D  B  Y  I  I  Q  F  C  D  I  U  I  F
L  G  R  C  I  D  N  Q  U  T  P  E  S  T  X  C
I  Y  U  I  M  O  Z  J  A  D  X  U  V  L  S  A
Z  D  D  N  W  U  E  D  T  D  N  X  S  D  E  N
M  M  Q  Q  E  Z  Q  I  O  X  K  I  E  I  P  Z
V  I  N  G  T  E  V  X  R  V  H  D  I  X  T  T
B  Q  U  A  T  R  E  H  Z  R  S  V  Z  N  W  Y
U  O  C  V  S  A  S  U  E  H  Y  T  E  E  R  M
U  R  T  H  A  P  G  I  A  Y  T  L  K  U  N  C
S  H  I  R  C  Z  J  T  S  D  B  Q  M  F  K  O
C  Y  R  B  E  G  I  Y  Z  N  J  Z  X  O  M  G
T  R  O  I  S  I  L  A  M  I  C  É  D  K  B  N
V  J  G  C  A  S  Z  O  M  Q  P  R  F  F  D  B
T  G  V  V  I  U  B  E  D  T  D  O  T  J  R  J
```

QUATORZE	DOUZE
ZÉRO	DEUX
CINQ	NEUF
QUATRE	HUIT
DÉCIMAL	QUINZE
DIX-NEUF	SIX
DIX-HUIT	SEPT
SEIZE	TREIZE
DIX-SEPT	TROIS
DIX	VINGT

19 - Física

```
K C M R Q D J Z C P X Y G H N M
D B É B E S S A M Q T E S D M A
V Z C U U L O G L D W L G I Q G
J S A O Q V A É L E C T R O N N
D A N E I V H T H I E A K U O É
V A I R M K C I I O E L T D I T
E T Q I I A W V Z V R S O L T I
C O U Z H C I A U D I D O S A S
N M E G C J V R Q D A T Q Y R M
E E M P I V M G W E É Q É G É E
U N I V E R S E L N L P S S L Q
Q I F O R M U L E S C X S O É M
É V I T E S S E V I U Z W X C M
R W M S J H B V H T N J X L C U
F M O T E U R J X É F M H O A V
P A R T I C U L E L U C É L O M
```

ACCÉLÉRATION	MASSE
ATOME	MÉCANIQUE
CHAOS	MOLÉCULE
DENSITÉ	MOTEUR
ÉLECTRON	NUCLÉAIRE
FORMULE	PARTICULE
FRÉQUENCE	CHIMIQUE
GAZ	RELATIVITÉ
GRAVITÉ	UNIVERSEL
MAGNÉTISME	VITESSE

20 - Belleza

```
Y  H  P  L  H  É  Z  J  E  C  M  C  G  I  T  V
E  K  O  I  U  L  E  G  A  L  L  I  U  Q  A  M
B  B  Z  S  I  É  T  O  F  B  F  T  R  H  P  G
T  O  Z  S  L  G  S  E  S  T  I  U  D  O  R  P
S  P  U  E  E  A  I  H  H  V  F  H  K  U  I  I
I  H  S  C  S  N  L  P  A  R  A  C  S  A  M  R
É  O  E  C  L  T  Y  E  C  M  C  V  S  E  P  M
L  T  R  I  U  E  T  A  R  X  P  Y  V  K  P  Z
É  O  V  S  H  M  S  U  S  X  G  O  W  W  E  V
G  G  I  E  K  R  U  E  L  U  O  C  O  Q  Q  Q
A  É  C  A  D  A  G  R  Â  C  E  V  J  I  Q  P
N  N  E  U  Q  H  W  H  P  A  R  F  U  M  N  Y
C  I  S  X  L  C  Y  X  J  C  H  P  F  R  Y  G
E  Q  C  O  S  M  É  T  I  Q  U  E  Q  I  X  R
X  U  Q  C  C  I  Q  H  R  L  V  J  U  L  L  P
E  E  P  K  U  R  K  K  A  Z  H  C  H  J  L  A
```

HUILES	PARFUM
SHAMPOOING	GRÂCE
COULEUR	MAQUILLAGE
COSMÉTIQUE	PEAU
ÉLÉGANCE	PRODUITS
ÉLÉGANT	BOUCLES
CHARME	MASCARA
MIROIR	SERVICES
STYLISTE	LISSE
PHOTOGÉNIQUE	CISEAUX

21 - Países #1

```
N P A X L G L N D Z Z C A Y B H
I H D U T F D I M Y F A S R E O
C I Q E J D W A B K W D N A L N
A L M A L I P J S Y A O B J G D
R I E B R É S I L Z E X L J I U
A P K D U A R G E N T I N E Q R
G P R Z E I L A T I P Z V H U A
U I R D T W N A Z Q E D N I E S
A N H C A Z P T S E N G O L O P
M E T A U D T N M D G K D B D E
A S P N Q P P E N G A M E L L A
R J A A É S A Z O U P R S Y W Y
O D N D E G Y P T E S D W I C Q
C L A A N O R V È G E K T R K J
V V M V E N E Z U E L A K Y M H
N E A L K R L G Q F Y D C A K H
```

ALLEMAGNE	INDE
ARGENTINE	ITALIE
BELGIQUE	LIBYE
BRÉSIL	MALI
CANADA	MAROC
ÉQUATEUR	NICARAGUA
EGYPTE	NORVÈGE
ESPAGNE	PANAMA
PHILIPPINES	POLOGNE
HONDURAS	VENEZUELA

22 - Mitología

```
P  E  E  D  N  E  G  É  L  E  T  R  O  M  C  A
É  C  L  A  I  R  C  E  P  R  N  K  C  H  R  R
R  J  M  C  Q  T  G  R  I  U  E  G  Q  T  O  C
Z  H  Q  T  H  S  U  T  É  M  J  D  A  Y  H
R  S  É  L  B  N  E  O  L  A  E  W  E  R  A  É
M  R  F  R  Y  O  R  N  J  É  T  O  H  R  N  T
C  I  E  L  O  M  R  N  D  R  R  I  P  W  C  Y
F  S  Y  I  B  S  I  E  L  C  O  V  O  B  E  P
W  S  S  O  S  X  E  R  N  X  P  E  R  N  S  E
O  X  X  U  S  U  R  R  T  S  M  N  T  A  O  R
F  O  R  C  E  K  O  E  O  G  O  G  S  W  B  U
O  S  W  U  C  C  Z  L  V  V  C  E  A  U  N  T
J  Z  S  O  Y  T  X  V  A  R  W  A  T  S  K  L
Y  F  U  V  W  D  Q  F  M  J  L  N  A  W  Y  U
I  M  M  O  R  T  A  L  I  T  É  C  C  A  S  C
L  A  B  Y  R  I  N  T  H  E  T  E  S  L  M  G
```

ARCHÉTYPE	GUERRIER
JALOUSIE	HÉROS
CIEL	IMMORTALITÉ
COMPORTEMENT	LABYRINTHE
CRÉATION	LÉGENDE
CROYANCES	MONSTRE
CRÉATURE	MORTEL
CULTURE	ÉCLAIR
CATASTROPHE	TONNERRE
FORCE	VENGEANCE

23 - Ecología

```
U  P  O  H  T  N  M  L  N  B  H  T  B  F  T  K
P  E  Q  V  A  G  C  M  D  A  K  D  I  L  S  I
C  L  I  B  R  B  D  T  U  O  T  S  F  O  U  Y
V  B  A  Y  Q  Y  I  S  C  M  A  U  U  R  R  I
M  A  W  N  Q  B  D  T  D  Z  M  I  R  E  V  M
C  R  U  É  T  É  I  R  A  V  I  C  C  E  I  J
O  U  K  Q  O  E  V  X  J  T  L  R  Y  S  E  Q
M  D  I  Y  X  M  S  X  P  H  C  E  E  S  C  M
M  Y  M  A  R  I  N  Y  W  G  C  S  S  E  W  L
U  F  A  U  N  E  A  E  J  P  X  S  P  R  E  J
N  F  X  W  F  U  D  U  W  S  L  O  B  E  S  G
A  V  É  G  É  T  A  T  I  O  N  U  K  H  P  L
U  G  C  M  A  R  A  I  S  B  C  R  Y  C  È  O
T  S  S  E  N  A  T  U  R  E  L  C  L  É  C  B
É  T  I  S  R  E  V  I  D  J  H  E  J  S  E  A
S  E  L  O  V  É  N  É  B  F  V  S  B  J  P  L
```

CLIMAT	NATURE
COMMUNAUTÉS	MARAIS
DIVERSITÉ	PLANTES
ESPÈCE	RESSOURCES
FAUNE	SÉCHERESSE
FLORE	DURABLE
GLOBAL	SURVIE
HABITAT	VARIÉTÉ
MARIN	VÉGÉTATION
NATUREL	BÉNÉVOLES

24 - Casa

```
B W U E N K J J K E L I Q B Y D
A A D O U M U R A N N M B I S O
Z F L R O B I N E T L I Z B E U
H E O A N A B Y P E A R S L M C
C N S J I D F E E G M O I L H
H Ê J Y W P C H V I P I K O U E
A T B G C N L M E A E R X T C C
M R N W L P F G A R A G E H L U
B E R G T B T L H I U C T È Ô X
R G K W K O W I Y D D Z R Q T O
E R Z E C V T E U R C A O U U O
R E B M N M E A Z A K V P E R L
K N I D R A J Y P T O L G L E N
U I M Y O Q E É N I M E H C Z D
Z E Q F R Q O G L O S S U O S C
K R L U Q M X U Q T D E X D M V
```

TAPIS	CHAMBRE
GRENIER	JARDIN
BIBLIOTHÈQUE	LAMPE
CHEMINÉE	MUR
CUISINE	SOL
DOUCHE	PORTE
BALAI	SOUS-SOL
MIROIR	TOIT
GARAGE	CLÔTURE
ROBINET	FENÊTRE

25 - Salud y Bienestar #2

```
L V K X N D C Y H M G D K Z H R
A F C U U I F T Y S A D O N Z H
C S F M T G Y Z G H R L W J J O
I R M R R E T È I D Z B A J P L
N A T M I S P O È V I F D D H X
J T Q O T T O U N X I D T O I L
B O J H I I H C E H Z Z I K L E
N S M A O O S E N I M A T I V I
U E Y I N N W E U Q I T É N É G
Q E I R O L A C S D I O P F H R
S A I N G X F G W A Y S P E Ô E
S I E G A S S A M K N J A C P L
E M J B R K Q L D W R G H T I L
R U O S G E I M O T A N A I T A
T G P R P J N Y U Z L T X O A I
S N O I T A R É P U C É R N L Z
```

ALLERGIE   HYGIÈNE
ANATOMIE   HÔPITAL
APPÉTIT   INFECTION
CALORIE   MASSAGE
DIÈTE   NUTRITION
DIGESTION   POIDS
ÉNERGIE   RÉCUPÉRATION
MALADIE   SAIN
STRESS   SANG
GÉNÉTIQUE   VITAMINE

26 - Selva Tropical

```
L  S  Y  I  M  S  E  Y  E  G  U  F  E  R  G  P
A  M  P  H  I  B  I  E  N  S  T  M  T  E  Q  R
X  B  O  T  A  N  I  Q  U  E  E  V  S  S  N  É
C  O  M  M  U  N  A  U  T  É  Q  Z  T  T  U  S
I  Z  T  P  E  I  R  H  H  V  Z  H  D  A  A  E
D  N  T  V  G  I  N  D  I  G  È  N  E  U  G  R
M  I  S  T  X  A  C  H  A  Y  Z  V  R  R  E  V
W  A  V  E  I  V  R  U  S  K  T  R  U  A  S  A
S  Z  M  E  C  È  P  S  E  E  Y  E  T  T  S  T
W  G  I  M  R  T  A  M  I  L  C  S  A  I  U  I
N  J  B  D  I  S  E  M  W  G  V  P  N  O  O  O
M  N  K  J  M  F  I  S  F  N  W  E  X  N  M  N
U  O  W  T  D  I  È  T  T  U  O  C  S  B  L  F
U  X  F  N  W  O  M  R  É  J  G  T  H  X  P  Z
R  H  C  V  V  X  U  A  E  S  I  O  T  Z  I  K
F  P  R  É  C  I  E  U  X  S  V  U  Y  D  Q  A
```

AMPHIBIENS
BOTANIQUE
CLIMAT
COMMUNAUTÉ
DIVERSITÉ
ESPÈCE
INDIGÈNE
INSECTES
MAMMIFÈRES
MOUSSE

NATURE
NUAGE
OISEAUX
PRÉSERVATION
REFUGE
RESPECT
RESTAURATION
JUNGLE
SURVIE
PRÉCIEUX

27 - Adjetivos #1

```
F  I  A  C  O  H  I  P  P  R  É  C  I  E  U  X
K  N  M  X  T  S  R  Y  A  D  R  N  C  R  B  I
A  N  B  W  A  H  Z  E  M  R  O  N  É  L  I  C
T  O  I  G  R  A  N  D  M  U  F  K  W  A  W  S
L  C  T  Y  H  Z  É  C  N  O  F  A  D  V  O  Q
U  E  I  P  O  G  M  Q  H  L  Z  X  I  F  L  C
A  N  E  T  N  A  L  L  I  R  B  U  I  T  A  D
T  T  U  F  N  L  N  M  F  Y  G  E  N  U  E  J
T  N  X  U  Ê  E  Q  O  M  Z  Y  R  R  T  T  O
R  P  A  D  T  N  H  D  T  L  D  É  A  O  B  B
A  X  O  T  E  T  K  E  A  V  V  N  T  V  V  I
C  I  U  A  R  T  M  R  C  F  R  É  O  Y  E  M
T  P  W  W  X  O  L  N  T  S  U  G  I  T  R  O
I  Y  X  Q  N  G  P  E  I  A  B  S  O  L  U  B
F  J  V  K  X  T  X  M  F  J  Q  V  T  U  R  Q
J  I  X  C  P  E  U  Q  I  T  A  M  O  R  A  B
```

ABSOLU	IMPORTANT
ACTIF	INNOCENT
AMBITIEUX	JEUNE
AROMATIQUE	LENT
ATTRACTIF	MODERNE
BRILLANT	FONCÉ
ÉNORME	PARFAIT
GÉNÉREUX	LOURD
GRAND	GRAVE
HONNÊTE	PRÉCIEUX

28 - Familia

```
G  I  R  Z  D  T  N  X  G  Q  R  A  E  B  Q  X
C  R  D  R  I  A  L  L  J  Y  N  I  È  C  E  L
K  V  A  T  P  N  B  H  D  O  P  F  V  C  P  R
S  E  G  N  P  T  Y  O  I  G  E  M  M  È  R  E
D  U  K  A  D  E  P  F  E  Y  T  A  S  P  J  R
R  L  E  F  D  P  M  T  R  E  I  T  Y  I  Z  È
T  Y  Z  N  E  K  È  Z  K  O  T  E  K  N  M  P
S  M  C  E  A  N  G  R  P  N  F  R  R  W  L  K
S  T  N  A  F  N  E  U  E  C  I  N  U  T  F  B
O  F  I  L  L  E  C  V  C  L  L  E  H  P  F  L
E  C  N  A  F  N  E  Ê  E  E  S  L  M  P  C  W
U  C  O  U  S  I  N  J  T  U  F  E  M  M  E  X
R  Z  V  C  L  R  K  V  Y  R  W  B  F  U  O  O
W  C  R  W  V  A  E  B  W  O  E  U  B  J  L  G
A  O  W  R  P  M  M  B  N  N  F  W  A  K  Z  T
F  R  È  R  E  R  È  M  D  N  A  R  G  G  L  L
```

GRAND-MÈRE	MATERNEL
GRAND-PÈRE	PETIT-FILS
ANCÊTRE	ENFANT
FEMME	ENFANTS
SOEUR	PÈRE
FRÈRE	COUSIN
FILLE	NIÈCE
ENFANCE	NEVEU
MÈRE	TANTE
MARI	ONCLE

29 - Disciplinas Científicas

```
B  L  S  O  C  I  O  L  O  G  I  E  C  T  U  N
M  O  I  T  B  E  I  G  O  L  O  É  H  C  R  A
P  É  T  N  Y  Q  F  F  Q  E  K  G  I  M  E  E
S  A  C  A  G  S  F  X  Q  I  X  E  M  É  E  I
Y  N  M  A  N  U  E  N  W  G  M  I  I  T  I  G
C  A  I  B  N  I  I  I  E  O  H  G  E  É  M  O
H  T  N  I  O  I  Q  S  N  L  Z  O  C  O  I  L
O  O  É  O  I  C  Q  U  T  O  H  L  S  R  H  O
L  M  R  L  T  A  O  U  E  I  G  O  L  O  C  É
O  I  A  O  I  A  K  G  E  S  Q  N  V  L  O  G
G  E  L  G  R  Q  K  M  U  Y  N  U  H  O  I  J
I  V  O  I  T  N  B  M  I  H  R  M  E  G  B  M
E  D  G  E  U  A  W  G  D  P  G  M  S  I  X  P
Q  J  I  N  N  R  G  L  M  E  Q  I  B  E  R  A
R  U  E  H  N  E  U  R  O  L  O  G  I  E  K  F
A  S  T  R  O  N  O  M  I  E  X  Y  I  X  V  R
```

ANATOMIE
ARCHÉOLOGIE
ASTRONOMIE
BIOLOGIE
BIOCHIMIE
BOTANIQUE
ÉCOLOGIE
PHYSIOLOGIE
GÉOLOGIE
IMMUNOLOGIE

LINGUISTIQUE
MÉCANIQUE
MÉTÉOROLOGIE
MINÉRALOGIE
NEUROLOGIE
NUTRITION
PSYCHOLOGIE
CHIMIE
SOCIOLOGIE

30 - Cocina

```
B  S  E  S  S  A  T  Z  E  H  C  U  R  C  H  P
B  E  R  L  E  R  E  X  H  L  O  B  W  H  K  M
A  R  F  H  L  W  J  S  C  S  N  U  K  P  D  J
G  V  O  P  F  H  K  B  U  U  G  O  Y  E  S  X
U  I  U  K  I  E  G  N  O  P  É  G  M  I  Y  H
E  E  R  O  T  V  I  W  L  D  L  E  G  A  I  K
T  T  O  P  É  P  I  C  E  S  A  R  Y  R  U  B
T  T  R  E  C  E  T  T  E  R  T  U  E  A  I  E
E  E  J  H  S  P  O  X  U  A  E  T  U  O  C  L
S  C  S  Q  Y  R  T  T  Z  F  U  I  R  F  B  O
W  J  X  V  T  L  U  R  L  Z  R  R  L  K  C  B
F  O  U  R  C  H  E  T  T  E  S  R  A  B  C  Z
X  R  M  Q  T  N  F  M  F  E  P  U  O  H  A  V
R  L  L  O  D  B  G  M  Y  V  L  O  X  M  D  T
B  O  U  I  L  L  O  I  R  E  T  N  Q  D  U  Y
S  F  Y  S  B  C  U  I  L  L  È  R  E  S  M  M
```

BOUILLOIRE	CRUCHE
NOURRITURE	BAGUETTES
CONGÉLATEUR	GRIL
CUILLÈRES	RECETTE
LOUCHE	SERVIETTE
COUTEAUX	POT
TABLIER	TASSES
ÉPICES	BOL
ÉPONGE	FOURCHETTES
FOUR	

31 - Moda

```
U Q P B S S D O A Z F D E I B I
P Z R R T N E N R E H C C M D S
S U A O Y O N R D I Z F N L D W
B D T D L T T O U Q G N A F E K
T B I E E U E M D S T I D B T S
U B Q R R O L N O Y E F N Z S I
J U U I U B L N R D E M E A I M
U W E E N R E D O M E C T W L P
B O U T I Q U E S N T S B Z A L
Y C S T E X T U R E D U T P M E
E F S S F Y S P V I F B R E I A
K R I B S O A P F U C T Y O N W
V Ê T E M E N T S A Q T U Y I R
S O P H I S T I Q U É C G Q M M
É L É G A N T M O D È L E R D F
F L U K Y C N U R F P O J T F X
```

BRODERIE
BOUTONS
BOUTIQUE
CHER
ÉLÉGANT
DENTELLE
STYLE
MESURES
MINIMALISTE
MODERNE

MODESTE
ORIGINAL
MODÈLE
PRATIQUE
VÊTEMENTS
SIMPLE
SOPHISTIQUÉ
TISSU
TENDANCE
TEXTURE

32 - Electricidad

```
É E A X P E D J E Y M O T A W N
O L W C Q Z Q S T C K B É M L Q
U A E S É R Y X C G E J L W H U
T O G C A M P O U L E E É J C A
É W A K T I F F E L L T P Q K N
L L K A N R F X V A B S H P C T
É M C P E U I K U M Â X O F B I
V N O Z M E T C E P C C N X C T
I X T D E T I P I E P T E Y Q É
S Q S A P A S F R E D L A S E R
I I B Z I R O L E F N R M Y K Z
O A O F U É P F T P P R I S E Z
N N Q I Q N R L T X W E P Y I Y
U H N L É É P J A I A I M A N T
H U T S D G M K B N É G A T I F
É L E C T R I Q U E E M K L R S
```

STOCKAGE
BATTERIE
AMPOULE
CÂBLE
FILS
QUANTITÉ
ÉLECTRICIEN
ÉLECTRIQUE
PRISE
ÉQUIPEMENT

GÉNÉRATEUR
AIMANT
LAMPE
LASER
NÉGATIF
OBJETS
POSITIF
RÉSEAU
TÉLÉVISION
TÉLÉPHONE

33 - Salud y Bienestar #1

```
I O S D R T H É R A P I E H O Y
X D J E É P B S G T R O Q A T F
L Z E Q F I T C A N M S F B N C
M A I N L C L I N I Q U E I I A
I É N S E I R É T C A B K T V J
A H D O X D R H I E D A H U Z O
F O J I E M Z Y P D V H C D H K
C R P U C O Q X J É B Z Z E T H
R M H U G A V U M M H G H G Q A
H O A E D Q M D M U S C L E S U
R N R E A H S E P O S T U R E T
L E M G R X T G N B S S M P R E
U D A A U Q M R A T J B U X B U
O X C P E A U F R A C T U R E R
S V I R E L A X A T I O N X I L
T N E M E T I A R T W F N U Q V
```

ACTIF
HAUTEUR
BACTÉRIES
CLINIQUE
MÉDECIN
PHARMACIE
FRACTURE
FAIM
HABITUDE
HORMONE

OS
MÉDICAMENT
MUSCLES
PEAU
POSTURE
RÉFLEXE
RELAXATION
THÉRAPIE
TRAITEMENT
VIRUS

34 - Adjetivos #2

```
N C E S P Q O S K O W L U N B G
F O É N A T U R E L K V T R M U
I V U L R K J E A M K U N K F S
T L E V È M X I N O R M A L Y H
P D T E E B Y F Z X G I S A H O
I R S Q S A R A E O R C S O R C
R M O L J V U E A E D E A T X
C R J D F G H F I W S X R P N F
S M W É U G I T A F P F É L A S
E F E M É C I P É X O R T X G S
D R T E L F T M I Q N A N J É K
F O R T Z I Z I I M S I I J L V
S A I N M S P T F B A S O D É P
D R A M A T I Q U E B S D P N L
C O M E S T I B L E L Q M Y K Z
C R É A T I F T H S E W O P Y M
```

FATIGUÉ

COMESTIBLE

CRÉATIF

DESCRIPTIF

DRAMATIQUE

ÉLÉGANT

CÉLÈBRE

FRAIS

FORT

INTÉRESSANT

NATUREL

NORMAL

NOUVEAU

FIER

ÉPICÉ

PRODUCTIF

RESPONSABLE

SALÉ

SAIN

SEC

35 - Cuerpo Humano

```
B  J  W  R  K  Q  E  W  V  C  U  L  E  E  S  S
G  T  X  P  F  B  D  R  I  I  E  L  U  A  P  É
V  B  T  M  N  T  F  Y  S  Z  U  R  G  Z  B  K
B  R  L  Z  Q  V  P  X  A  Q  G  R  V  Y  V  N
W  X  F  L  Ê  T  E  G  Q  N  B  R  E  M  P  P
B  N  Q  I  G  L  H  B  E  H  A  R  X  L  A  J
L  O  B  T  I  B  V  M  D  I  L  I  E  O  U  U
T  T  U  S  O  X  J  A  U  M  R  L  L  O  A  A
T  N  U  C  D  E  O  J  O  N  D  U  L  R  Q  E
P  E  O  O  H  B  C  P  C  B  D  X  I  A  M  P
L  M  C  R  N  E  M  S  L  U  C  A  V  N  M  J
Y  N  U  E  I  E  A  N  Y  F  Œ  T  E  D  X  D
K  F  Z  I  A  M  G  E  O  E  U  P  H  S  S  W
T  O  P  L  M  W  J  Z  A  J  R  Y  C  A  U  J
V  S  X  L  R  R  Z  V  R  P  S  K  S  N  K  T
H  N  H  E  K  W  I  A  S  D  G  T  P  G  S  N
```

MENTON	LANGUE
BOUCHE	MAIN
TÊTE	NEZ
VISAGE	OEIL
CERVEAU	OREILLE
COUDE	PEAU
CŒUR	JAMBE
COU	GENOU
DOIGT	SANG
ÉPAULE	CHEVILLE

36 - Calentamiento Global

```
C N E F K L M L S E E H E N A U
O O H I M V A É C F X N I R A U
N B J T N Y I G I P K S R Q T E
S Q N A X D N I E U Q I T C R A
É C B C U U T S N D R K S G U Y
Q C R I S E E L T Y O C U R T B
U V T F X R N A I A K N D I U B
E C M I Z H A T F P M E N G F U
N Z A N Y L N I I D Z I I É A X
C T F G C G T O Q G H G L W E Z
E G I I T F K N U F V R Z C R S
S V I S T N E M E N R E V U O G
D É V E L O P P E M E N T Q D V
A T T E N T I O N T I É S K S A
I N T E R N A T I O N A L B L F
M I S P G É N É R A T I O N S Y
```

MAINTENANT
ATTENTION
ARCTIQUE
SCIENTIFIQUE
CLIMAT
CONSÉQUENCES
CRISE
DONNÉES
DÉVELOPPEMENT

ÉNERGIE
FUTUR
GAZ
GÉNÉRATIONS
GOUVERNEMENT
INDUSTRIE
INTERNATIONAL
LÉGISLATION
SIGNIFICATIF

37 - Ciencia

```
E U Q I M I H C S E T N A L P P
D K X M É M S H C F E B S S L A
A H D M T G N O I T U L O V É R
A I Z R H G F H E L A F I Z P T
A T S R O T F V N F D S H S H I
E X O H D H B G T A M I L C Y C
H N D M E Y M D I F A E W E S U
Q R N H E B X M F N O M Y C I L
G R A V I T É E I Y T S A N Q E
M I N É R A U X Q P N I S E U S
W W T Q Q G E R U T A N E I E N
Y R N H S I F V E R M A É R L N
R T Y L I W A B T H D G N É G E
V Y Q N I A I H Q S F R N P B L
E I E S È H T O P Y H O O X P B
L A B O R A T O I R E L D E I E
```

ATOME
SCIENTIFIQUE
CLIMAT
DONNÉES
ÉVOLUTION
EXPÉRIENCE
PHYSIQUE
FOSSILE
GRAVITÉ
FAIT

HYPOTHÈSE
LABORATOIRE
MÉTHODE
MINÉRAUX
NATURE
ORGANISME
PARTICULES
PLANTES
CHIMIQUE

38 - Restaurante #2

```
J U H C B S P U B Y D D W W L T
D W O F W A O C O M É É Z N N W
U Î Y Z M L I H I N L J U R Y T
L M N A U A S A S T I E E I P N
C Q B E V D S I S Z C U S Q L P
K U A C R E O S O M I N O E U F
A D I A X D N E N E E E J Q L U
Y P C L S O U P E A U R G S F R
W D É G L N U T B U X U X F W U
L J X R P È F O U R C H E T T E
Q P R T I U R F B A V A L M Q V
U E Z Q X T E E E Z N L V C D R
G Â T E A U I É P I C E S R B E
K P P D H B R F S E L C L V S S
U O N Y L É G U M E S H G I D A
Q C Z A X J K R O B D U W W G Q
```

EAU	FRUIT
DÉJEUNER	GLACE
APÉRITIF	OEUF
BOISSON	GÂTEAU
SERVEUR	POISSON
DÎNER	SEL
CUILLÈRE	CHAISE
DÉLICIEUX	SOUPE
SALADE	FOURCHETTE
ÉPICES	LÉGUMES

39 - Profesiones #1

```
U P K B R U E N Î A R T N E X A
T I D B V E R È I M R I F N I S
R A K L A Z Z D G B N C I Y E P
S N I C E D É M T A L Y H T A N
A I P O I X J L V S T F A M P Z
S S G L W H F X N S J I C Y Q U
T T Z É O R N C H A Y Y K C T X
R E S I O M M S P D A V O C A T
O T S P K L B F R E I U Q N A B
N È C J O E O I R U E S S A H C
O L L P M M X G E R U E T I D É
M H Q S O R P U U R U E S N A D
E T D C L M N I N E I C I S U M
F A C X Z B B R E I T U O J I B
E D M X N E H P A R G O T R A C
P S Y C H O L O G U E Z S O Q U
```

AVOCAT   AMBASSADEUR
ASTRONOME   INFIRMIÈRE
ATHLÈTE   ENTRAÎNEUR
DANSEUR   PLOMBIER
BANQUIER   GÉOLOGUE
POMPIER   BIJOUTIER
CARTOGRAPHE   MUSICIEN
CHASSEUR   PIANISTE
MÉDECIN   PSYCHOLOGUE
ÉDITEUR

40 - Geometría

```
G E I R T É M Y S E K G J H V S
M F I S D Y Q I O N V M L A E B
A É E D T Y P U A U K L M U R E
N U D J I S L J A S M V J T T P
G K N I U G W U R T U Z G E I L
L U Q U A V F H K U I T Q U C T
E S S A M N Y X R J Y O D R A Z
B W Q V E L O G I Q U E N H L E
N O M B R E P A R A L L È L E E
G A Z A T C B W E M C A L C U L
N D V Y È A T R T H É O R I E G
X Z Y M M F B G U K J B H L N N
S W E Q A R F J X O L I M U F A
U L U Z I U L J I A C C K K F I
R G U S D S E G M E N T A O I R
Y G E D A A D I M E N S I O N T
```

HAUTEUR
ANGLE
CALCUL
COURBE
DIAMÈTRE
DIMENSION
ÉQUATION
LOGIQUE
MASSE

MÉDIAN
NOMBRE
PARALLÈLE
SEGMENT
SYMÉTRIE
SURFACE
THÉORIE
TRIANGLE
VERTICAL

41 - Baile

```
R  É  P  É  T  I  T  I  O  N  W  L  V  T  Z  R
E  A  L  N  V  M  M  F  P  O  D  L  F  Q  Y  U
J  X  C  A  R  T  N  X  J  I  Q  E  N  W  Z  W
A  U  P  A  R  B  V  D  Q  T  E  N  Y  L  E  N
E  E  V  R  D  G  Q  X  C  O  N  N  B  G  N  Q
I  Y  I  G  E  É  E  F  T  M  A  O  L  D  U  E
H  O  S  V  R  S  M  U  T  É  W  I  O  E  E  M
P  J  U  S  U  R  S  I  E  M  H  T  Y  R  U  Q
A  C  E  U  T  V  N  I  E  U  Q  I  S  U  M  C
R  T  L  C  S  A  U  T  F  F  O  D  P  T  S  U
G  R  F  Z  O  L  A  E  D  T  Q  A  R  L  V  L
É  R  E  C  P  X  P  Q  X  L  G  R  O  U  F  T
R  B  Â  M  O  U  V  E  M  E  N  T  C  C  J  U
O  E  R  C  F  D  J  U  Q  C  W  F  N  N  M  R
H  T  J  Q  E  R  I  A  N  E  T  R  A  P  Y  E
C  W  C  L  A  S  S  I  Q  U  E  H  G  T  L  L
```

ACADÉMIE

JOYEUX

ART

CLASSIQUE

CHORÉGRAPHIE

CORPS

CULTURE

CULTUREL

ÉMOTION

RÉPÉTITION

EXPRESSIF

GRÂCE

MOUVEMENT

MUSIQUE

POSTURE

RYTHME

SAUT

PARTENAIRE

TRADITIONNEL

VISUEL

42 - Matemáticas

```
C Y B M G T K S E L G N A V G R
S I A E S H S E X D É C I M A L L
L N R Q F B U R P Z P G A V G O
E G D C A J Q B O O O Y E D É W
U W Y T O M F M S J L S S T O T
Q H Q G A N K O A R Y P Y I M R
I M Y W Y L F N N Q G H M X É I
T V O L U M E É T M O È É P T A
É Q U A T I O N R C N R T É R N
M B F D N L K O C E E E R R I G
H E R T È M A I D A N Q I I E L
T X E L G N A T C E R C E M Z E
I A S L D O G C T L I R E È D Q
R O U O C Y J A Y I R O É T A W
A F M X J A B R H R R Y L R W I
R L H F F R C F H M C C N E K L
```

ARITHMÉTIQUE	GÉOMÉTRIE
ANGLES	NOMBRES
CIRCONFÉRENCE	PÉRIMÈTRE
CARRÉ	POLYGONE
DÉCIMAL	RAYON
DIAMÈTRE	RECTANGLE
ÉQUATION	SYMÉTRIE
SPHÈRE	TRIANGLE
EXPOSANT	VOLUME
FRACTION	

43 - Profesiones #2

```
D U X J T N P P E I N T R E B J
L É M P Q P Z X W U C S R G I O
H R T V H C H E R C H E U R O U
H F E E T S I T N E D N E E L R
I D N T C E N X Z J K I T I O N
N P S U P T E Y Q V I L L N G A
V H E A H S I U R V B L U I I L
E I I N O I G V U P L U C D S I
N L G O T G R T E I I S I R T S
T O N R O O U M I L N T R A E T
E S A T G L R É N O G R G J R E
U O N S R O I D É T U A A K F D
R P T A A O H E G E I T Q P M G
K H P E P Z C C N G S E V B N R
N E O D H Y J I I Y T U O V Y B
R G X S E B L N R A E R N E S H
```

AGRICULTEUR
ASTRONAUTE
BIOLOGISTE
CHIRURGIEN
DENTISTE
DÉTECTIVE
PHILOSOPHE
PHOTOGRAPHE
ILLUSTRATEUR
INGÉNIEUR

INVENTEUR
CHERCHEUR
JARDINIER
LINGUISTE
MÉDECIN
JOURNALISTE
PILOTE
PEINTRE
ENSEIGNANT
ZOOLOGISTE

44 - Senderismo

```
F U A P G S M M O N T A G N E H
A W U R U A T O Q Z X M G K T X
T O W É I U E X U A M I N A D B
I G N P D V A T N S E T T O B V
G I D A E A U V B U T E M M O S
U E H R S G L M N I A I C K A S
É U T A U E S I A L A F Q A K D
P C X T G O P I E R R E S U Y W
A A T I U M L V R E V S O T E N
R R N O M J V P U G I O A A T S
C T T N O I T A T N E I R O T J
S E A Z K S L P A I U Y Z M N I
N M T M Q I B Y N P Z W F V F B
U V C N I X N G H M W B N A A R
D T L G R L Z M Y A S O L E I L
R Q I U Q L C E S C Y M G I P B
```

FALAISE   MONTAGNE
EAU   MOUSTIQUES
ANIMAUX   NATURE
BOTTES   ORIENTATION
CAMPING   PARCS
FATIGUÉ   LOURD
CLIMAT   PIERRES
SOMMET   PRÉPARATION
GUIDES   SAUVAGE
CARTE   SOLEIL

45 - Naturaleza

```
T P R D I R U J X A N N Y V Y Q
R A U J S J O G C B N O U T W U
O I G U V Q F J T H I I J A L Y
P S M L T S Y H Q E E S M X G J
I I R D R E L B T Ê R O F A M E
C B D B F L E U V E E R D V U F
A L R J K L U R Y G S É P C L X
L E A F D I Q Z N A D I M W B Q
V C L Y R E I C A L G A S F F E
S H L Q H B M D R L H B T P M S
Q A I D V A A É X I X R D G L B
G M U R L M N S E U Q I T C R A
P K O V W N Y E D E V I T A L M
P X R Y A G D R H F B G X E A V
K R B K S G É T U A E B F P J V
H P M B I T E R I A U T C N A S
```

ABEILLES
ANIMAUX
ARCTIQUE
BEAUTÉ
FORÊT
DÉSERT
DYNAMIQUE
ÉROSION
FEUILLAGE
GLACIER

BROUILLARD
NUAGE
PAISIBLE
ABRI
FLEUVE
SAUVAGE
SANCTUAIRE
SEREIN
TROPICAL
VITAL

46 - Conduciendo

```
W  D  T  C  C  S  C  X  É  C  K  Q  W  A  O  T
F  A  D  X  W  T  O  L  T  M  A  W  O  D  Q  R
H  N  B  T  Z  D  E  M  I  U  S  M  O  V  A  A
H  G  N  V  C  O  T  X  R  D  N  T  I  C  J  F
G  E  S  S  E  T  I  V  U  W  I  N  L  O  W  I
C  R  G  Q  Z  W  E  N  C  V  E  E  E  Y  N  C
M  A  T  G  A  Z  S  V  É  B  R  D  C  L  Z  M
D  E  R  U  T  I  O  V  S  N  F  I  N  X  Z  J
F  Z  O  B  Y  M  R  A  B  R  S  C  E  Q  A  S
F  F  P  S  U  E  U  L  P  H  Y  C  C  P  Q  R
I  H  S  Z  S  R  U  E  T  O  M  A  I  Z  A  N
C  D  N  S  N  A  A  F  L  Q  Z  C  L  M  I  Z
M  W  A  M  O  T  O  N  O  T  É  I  P  G  E  J
G  A  R  A  G  E  C  E  T  R  A  C  Q  C  Z  I
U  T  T  R  F  E  S  U  P  O  L  I  C  E  R  U
O  T  S  U  N  M  C  R  T  M  V  V  N  P  E  L
```

ACCIDENT	MOTO
RUE	MOTEUR
CAMION	PIÉTON
VOITURE	DANGER
CARBURANT	POLICE
FREINS	SÉCURITÉ
GARAGE	TRANSPORT
GAZ	TRAFIC
LICENCE	TUNNEL
CARTE	VITESSE

47 - Ballet

```
C J Q J E N I R E L L A B L H E
U A B H N S I C Y P O H C C V X
A B B P O L O S G T U B F D T P
W O K Q I G J S Q H H B G I B R
E U Q I T S I T R A G M L N J E
J Z É T I S N E T N I R E I K S
E R U E T I S O P M O C T M C S
C O M P É T E N C E F O S U B I
J F H S P K G R M H Y G E S X F
U Q D Y É G M Q I U W N G I A E
K M V Q R J O K L L S V Q Q E W
O R C H E S T R E E D C O U L Q
P R A T I Q U E K Ç Q T L E Y J
E I H P A R G É R O H C Y E T E
T E C H N I Q U E N X B H H S Z
O K Q V N S R U E S N A D O M G
```

ARTISTIQUE	COMPÉTENCE
PUBLIC	INTENSITÉ
BALLERINE	LEÇONS
DANSEURS	MUSCLES
COMPOSITEUR	MUSIQUE
CHORÉGRAPHIE	ORCHESTRE
RÉPÉTITION	PRATIQUE
STYLE	RYTHME
EXPRESSIF	SOLO
GESTE	TECHNIQUE

48 - Fuerza y Gravedad

```
P P R O P R I É T É S D I O P I
J R L D Y C U E D U T I N G A M
Y Y E P H Y S I Q U E E C P Y P
R J S S O Y A E D M N J M M R A
X G R E S L G U É T V N U P W C
F C E T U I C Q C Q K H W W S T
S U V È S R O I O F I S I E H V
H B I N G A X N U A C E N T R E
F S N A R E C A V X Z T K T A C
T R U L F G C C E E X I I X T N
P N I P L J H É R V U B C L O A
O U K C T G P M T U D R N E V T
H R Q N T S U W E M R O D B S S
I I M S E I D Y N A M I Q U E I
H Y C O Y U O S K G A B R K H D
N B U F P V O N O I S N A P X E
```

CENTRE
DÉCOUVERTE
DYNAMIQUE
DISTANCE
AXE
EXPANSION
PHYSIQUE
FRICTION
IMPACT

MAGNITUDE
MÉCANIQUE
ORBITE
POIDS
PLANÈTES
PRESSION
PROPRIÉTÉS
TEMPS
UNIVERSEL

49 - Aventura

```
P X G H S Q E O W C S R N I C D
C R Z K S Q K C Z K U E A N V A
D H É T I V I T C A R N V H H N
E D A P M R Q M E G P T I A Z G
S I D N A K O Y P S R H G B I E
T F I O C R E O I D E O A I T R
I F C I O E A É P E N U T T I E
N I O S N R M T C R A S I U N U
A C E R J U X I I U N I O E É X
T U T U M T E R W O T A N L R R
I L L C H A P U N V N S O K A J
O T W X G N D C Y A L M X Q I H
N É R E I O J É U R T E X H R S
V O Y A G E S S Y B J V L E E A
Z V V B E A U T É N O U V E A U
Y F Q M Z V F M R E M B Z K D I
```

ACTIVITÉ
JOIE
AMIS
BEAUTÉ
DESTINATION
DIFFICULTÉ
ENTHOUSIASME
EXCURSION
INHABITUEL
ITINÉRAIRE

NATURE
NAVIGATION
NOUVEAU
CHANCE
DANGEREUX
PRÉPARATION
SÉCURITÉ
SURPRENANT
BRAVOURE
VOYAGES

50 - Pájaros

```
P E V J A S X Y P C F B O K J P
É S E O P I N U T O H C N A M E
L M L J A T G G O U H L L W M R
I E H T R A J L Q C V B F Q O R
C J R E N K G O E O X D L T U O
A K E L Y E Z J I U S C A C E Q
N O C U A F U E O H X C U U T U
L E G O N C A U T R U C H E T E
V J V P U Q O U S O N G T P E T
H T O U C A N L G M O I N E A U
É C Y G N E R C O W O P A N W Q
R H O A N C O A N M I I M G Y F
O P S H U O Z N P W B M A O Z X
N J N D N X P A D M O E L G T U
C O R B E A U R V N P N F I U V
E C H G K E A D L F U Z R C P P
```

AUTRUCHE
AIGLE
CIGOGNE
CYGNE
COUCOU
CORBEAU
FLAMANT
OIE
HÉRON
MOUETTE

MOINEAU
FAUCON
OEUF
PERROQUET
COLOMBE
CANARD
PÉLICAN
MANCHOT
POULET
TOUCAN

51 - Geografía

```
D N Y H T A R X M M X O B A P A
C I M É E L E H T É T P V M R C
X A O M R H L O J R S M R D M I
N M Z I R N W B I I E Y W M R R
D K R S I T E E F D U S A L T A
S O U P T L U N V I O V H P H R
M E R H O O Z M J E D N O M L H
U E U È I N G P S N R E R J V W
L D R R R G E E U L O C T V V L
F U Q E E I X I C C N I K O G X
O T M L R T R S K A X J G C W H
H I B L I U V O V R K C W É U J
O T T I A D W Q E T X L Q C R V
C L E V V E L Î E E V U E L F T
A A C O N T I N E N T V Y M A V
L A T I T U D E N G A T N O M J
```

ALTITUDE
ATLAS
VILLE
CONTINENT
HÉMISPHÈRE
ÎLE
LATITUDE
LONGITUDE
CARTE
MER

MÉRIDIEN
MONTAGNE
MONDE
NORD
OUEST
PAYS
RÉGION
FLEUVE
SUD
TERRITOIRE

52 - Música

```
C C C L L O Z Y E E T E H T M D
B H B Y A P Q J W Z P B J N U J
O A A G Q É N E C O S G O E S O
O T L N P R E S I V O R P M I W
O O V L T A U X Y Q W E Y U C T
T I R G A E U Q I M H T Y R I E
C H Œ U R D U K V V L N P T E M
P M S D A T E R A B I A O S N P
R O H A R M O N I E A H É N M O
H A R M O N I Q U E L C T I É R
M I C R O P H O N E B G I A L Y
M U S I C A L H H E U D Q Y O T
Y B S I U J J A R L M B U B D H
V Y I J H P H S C T O U E V I M
D E F F L Y X K H O Z P P S E E
C L A S S I Q U E R V L D O R Z
```

HARMONIE
HARMONIQUE
ALBUM
BALLADE
CHANTEUR
CHANTER
CLASSIQUE
CHŒUR
IMPROVISER
INSTRUMENT

MÉLODIE
MICROPHONE
MUSICAL
MUSICIEN
OPÉRA
POÉTIQUE
RYTHME
RYTHMIQUE
TEMPO
VOCAL

53 - Enfermedad

```
O W I B B G S X B C B Y X N Q N
A E M O R D N Y S I O V E E F F
Q E M D E L B I A F E R U Œ C F
T X U E I G A T N O C N P K P F
E C N I H M F B Z G I N Ê S N O
U Z I N T L O M B A I R E T A Q
Q B T F A G É N É T I Q U E R T
I N É L P A B D O M I N A L Y E
N O U A O A L L E R G I E S Q M
O X Q M R H É R É D I T A I R E
R S Z M U T H É R A P I E F X T
H Q K A E R I O T A R I P S E R
C C É T N A S Q H R X T N O L J
T E R I A N O M L U P K V Y C L
F Y F O O O Q B N G S H N Y E X
K S C N L C C Z K Y G M M V N X
```

ABDOMINAL
ALLERGIES
BIEN-ÊTRE
CONTAGIEUX
CŒUR
CHRONIQUE
CORPS
FAIBLE
GÉNÉTIQUE
HÉRÉDITAIRE

OS
INFLAMMATION
IMMUNITÉ
LOMBAIRE
NEUROPATHIE
PULMONAIRE
RESPIRATOIRE
SANTÉ
SYNDROME
THÉRAPIE

54 - Actividades

```
R R H J A E U Q I M A R É C F O
E A Q J C R T A N A S I T R A U
L N E Q T U R I T P M A D P N N
A D L J I T A H É X U E J U U X
X O M G V N L N R J T Z Y L Y J
A N Q A I I I Y Ê P Z A Z M M W
T N F E T E Z J T H L B Q L G C
I É A W É P R X S S A B B E D
O E S A P V M S Y O J L I D G S
N L I C U R B N E I G A M S W G
X H G E G A N I D R A J J L I Y
N K H Q D F E T M V U E F G F R
G E S S A H C O M P É T E N C E
P H O T O G R A P H I E U X M Q
L O I S I R L E C T U R E O P J
U U G P Ê C H E T B P I R F C T
```

ACTIVITÉ
ART
ARTISANAT
CHASSE
CÉRAMIQUE
COUTURE
PHOTOGRAPHIE
COMPÉTENCE
INTÉRÊTS
JARDINAGE

JEUX
LECTURE
MAGIE
LOISIR
PÊCHE
PEINTURE
PLAISIR
RELAXATION
PUZZLES
RANDONNÉE

55 - Instrumentos Musicales

```
G O N G D B T H Y H D B B G H C
I U I R G Q A R N E T B A J A L
E L L E C N O L O I V N S B U A
P C Q Z M O P C L M H G S A T R
R K D J T O O S O J P I O N B I
P P E R C U S S I O N E N J O N
Y A R H D M G P V N S N T O I E
T C A B A B M I R A M O F T S T
L J T N Z R X T F I E B L G E T
B Z I Y P H M F L P Z M Û G Q E
C W U V X A J O C C K O T Q P S
W P G X D H B D N H F R E Y S Z
S A X O P H O N E I A T A A G W
M A N D O L I N E V C R Z H S N
T A M B O U R I N G E A P W I Q
T A M B O U R I N S S R K E V R
```

HARMONICA	HAUTBOIS
HARPE	TAMBOURIN
BANJO	PERCUSSION
CLARINETTE	PIANO
BASSON	SAXOPHONE
FLÛTE	TAMBOUR
GONG	TROMBONE
GUITARE	TROMPETTE
MANDOLINE	VIOLON
MARIMBA	VIOLONCELLE

56 - Formas

```
U Z X Y F O N E D V D D I Y E G
M L W H E L G N A I R T I U O W
B R E L L I P S E N O G Y L O P
O T E X C X Z S Y J I B M R Q R
R H A G R F V T G Y Q I V O M Q
D Y V D E É C W L I G N E Y X U
S P R E C T A N G L E B R U O C
M E C C H Ô O Y F P R L I U A C
A R D U O C F N N R D E A Z B A
K B K U B I E I E I N I R V K R
K O K V W E N Ô C S I Z B J O R
P L S P H È R E O M L M T M Q É
G E D I M A R Y P E Y O U U Q V
J X Z P X P U P A I C G I N R X
K H L R R P O A M U D N X H H X
L V D L Q X A R C U W K B P G L
```

ARC	COIN
BORDS	HYPERBOLE
CYLINDRE	CÔTÉ
CERCLE	LIGNE
CÔNE	OVALE
CARRÉ	PYRAMIDE
CUBE	POLYGONE
COURBE	PRISME
ELLIPSE	RECTANGLE
SPHÈRE	TRIANGLE

57 - Flores

```
G H C M N D T V Q T I E N J J P
V A I L O N G A M U Q C I P O A
K Z R B K V C F O L V E O I N S
F E É D I H C R O I G P W S Q S
W S B E É S Y L Q P D U P S U I
P O H H Z N C T O E R I T E I F
B R X F W O I U G H L H Q N L L
O O T G X F L A S A L I L L O
P T O U R N E S O L C J L I E R
V A P I V O I N E E P A I T L E
N Y V T R È F L E C J S M W D L
R S R O L A V A N D E M Z E U A
P Y L K T E U Q U O B I W B U T
M A R G U E R I T E D N X S B É
T B Q Q D D Z N S K L T V O U P
F I R F I D B Z F E A R L K L G
```

PAVOT
PISSENLIT
GARDÉNIA
TOURNESOL
HIBISCUS
JASMIN
LAVANDE
LILAS
LYS
MAGNOLIA

MARGUERITE
JONQUILLE
ORCHIDÉE
PASSIFLORE
PIVOINE
PÉTALE
BOUQUET
ROSE
TRÈFLE
TULIPE

58 - Astronomía

```
U O Y M C P Q A X G R O C S S É
N B F G O L E I C A A Z O A U Q
I S U C N A M E O L D B S T P U
V E S F S N O I T A I L M E E I
E R É D T È N H H X A U O L R N
R V E N E T O Y S I T N S L N O
S A P U L E R F O E I E E I O X
S T O M L R T L N Q O W S T V E
Z O C E A O S U B N N L P E A R
K I S R T É A H A J G O I L Z R
V R E W I T P K A N L T L B A E
Y E L O O É P A H U O H C Z D T
A R É T N M K E D Ï O R É T S A
H A T I F U J W O W H Z T Y E O
D O L T J Y Z V A A E J C S A D
Z R S D R C P C C M P B Q Q A E
```

ASTÉROÏDE	LUNE
ASTRONAUTE	MÉTÉORE
ASTRONOME	OBSERVATOIRE
CIEL	PLANÈTE
FUSÉE	RADIATION
CONSTELLATION	SATELLITE
COSMOS	SUPERNOVA
ÉCLIPSE	TÉLESCOPE
ÉQUINOXE	TERRE
GALAXIE	UNIVERS

59 - Tiempo

```
D I E B U R O A J M J X R S U Z
I É L K M P R V W A B G T B R B
U V C Z Q X F A B R V H X A D R
V I È E P O D N I T A M V R J R
Y M I U N G N T N E M O M N M Y
D W S A W N U O D N P X D Y D C
G R M L U Z I P W O B K N R I A
K O K J I J M E É N N A X Z Y L
H A J O U R O H C L V W M L C E
F H I Z V F W U E N I A M E S N
U V D A G V H S R N K Q J U J D
T G I Y E I K F U D U H E N X R
U G D C M B N R E I H I C N U I
R Y C Z S K C V H M U U T A X E
M A I N T E N A N T B S I O M R
M I D I M I N U T E G O L R O H
```

MAINTENANT   AUJOURD'HUI
AVANT   MATIN
ANNUEL   MIDI
ANNÉE   MOIS
HIER   MINUTE
CALENDRIER   MOMENT
DÉCENNIE   NUIT
JOUR   HORLOGE
FUTUR   SEMAINE
HEURE   SIÈCLE

60 - Paisajes

```
M H G R E B E C I A P V M N Q T
V A E L U S N I N É P Z H X Z O
O X R Y A O A S I S L B H M W U
L O E A M C C A S C A D E Q L N
C Z S B I E I O W L I X G T Z D
A U Y Z F S V E N G A T N O M R
N Y E L K H O L R O P G V G K A
J H G F X L T Î T K R V P O E V
G L A G U N E V U E L F L M S H
T Y D P R V E E J N J H A F T T
K M Q V P G D V D I Y J G P U P
D W H Z F T R E U J Q Y E P A W
E K B Y D M X O B J Z C W O I U
E P D U Q M M Q T R E S É D R G
L Q J Y X E V K D T L A C N E A
Q P L A N R S I I O E É L L A V
```

CASCADE	MER
GROTTE	MONTAGNE
DÉSERT	OASIS
ESTUAIRE	MARAIS
GEYSER	PÉNINSULE
GLACIER	PLAGE
ICEBERG	FLEUVE
ÎLE	TOUNDRA
LAC	VALLÉE
LAGUNE	VOLCAN

61 - Días y Meses

```
C Q Q Z C E Y X C P C I V J Q H
P A N W L S F L C X C M Z O K J
O A L J E U D I D E M A S R J W
E O Y E É Z V R E I V N A J P D
B Û A H N C P V Q D L X I O K V
B T J C N D X A I N S S D U S J
V E M N A D R D K U H E E R J P
X L A A B M X I E L O M R A S F
O L R M M O I S E A C A D S E C
S I D I P J P Y A R T I N U P D
Z U I D E R C R E M O N E M T K
P J X J R C X H Y E B E V L E Z
J O H Y A H L G R J R C W W M D
A Y Y J P R E R B M E V O N B B
A O N A F É V R I E R F S U R S
L I Z U L Y P U A A O E S X E H
```

AVRIL	LUNDI
AOÛT	MARDI
ANNÉE	MOIS
CALENDRIER	MERCREDI
DIMANCHE	NOVEMBRE
JANVIER	OCTOBRE
FÉVRIER	SAMEDI
JEUDI	SEMAINE
JUILLET	SEPTEMBRE
JUIN	VENDREDI

62 - Biología

```
S E P H O T O S Y N T H È S E F
T N H V B A C T É R I E S F Z A
I Z C O L L A G È N E R G X E D
J Y É V O L U T I O N P A Y P S
S M P P S Y N A P S E D M X O E
V E Q O N O O K M I R W U W Z
H O R M O N E L U L L E C P Q M
V T X U E M O S O M O R H C N U
B X S D W A H N O Y R B M E A T
M A M M I F È R E M C M N I T A
C Z D N P R T W L R S K E M U T
T N S A Y E U N I V S O U O R I
G A U O T N G X T S V F R T E O
S Y M B I O S E P Y O R O A L N
L I A Z O S T K E J P Y N N A A
P R O T É I N E R Y P B E A N X
```

ANATOMIE
BACTÉRIES
CELLULE
COLLAGÈNE
CHROMOSOME
EMBRYON
ENZYME
ÉVOLUTION
PHOTOSYNTHÈSE
HORMONE

MAMMIFÈRE
MUTATION
NATUREL
NERF
NEURONE
OSMOSE
PROTÉINE
REPTILE
SYMBIOSE
SYNAPSE

63 - Jardinería

```
H  G  Q  B  G  V  J  V  Q  C  R  B  D  K  Q  F
H  R  E  G  R  E  V  F  G  L  É  O  V  Q  D  E
H  U  M  I  D  I  T  É  R  I  C  T  M  Q  G  U
X  E  L  L  I  U  E  F  A  M  I  A  P  A  S  I
Q  L  F  T  Y  V  K  M  I  A  P  N  G  M  A  L
D  F  W  L  U  F  T  S  N  T  I  I  O  G  I  L
D  N  W  O  O  Y  W  T  E  N  E  Q  L  K  S  A
L  I  I  S  U  R  A  T  S  F  N  U  A  E  O  G
S  A  L  E  T  É  A  U  Q  O  T  E  S  K  N  E
N  U  C  T  N  W  S  L  I  A  P  B  F  L  N  E
C  O  M  E  S  T  I  B  L  E  W  M  K  B  I  S
X  M  L  U  S  W  Z  E  U  Q  I  T  O  X  E  P
Z  J  Y  Q  C  G  P  J  S  N  S  Y  N  C  R  È
V  N  I  U  V  O  X  J  K  K  Z  U  U  W  K  C
Z  A  J  O  S  Q  M  Q  E  V  Q  Z  W  W  K  E
G  Q  K  B  Y  Z  H  P  F  W  R  V  Y  G  P  P
```

EAU
BOTANIQUE
CLIMAT
COMESTIBLE
COMPOST
RÉCIPIENT
ESPÈCE
SAISONNIER
EXOTIQUE
FLEUR

FLORAL
FEUILLAGE
FEUILLE
VERGER
HUMIDITÉ
TUYAU
BOUQUET
GRAINES
SALETÉ
SOL

64 - Chocolate

```
G  R  E  C  E  T  T  E  S  A  U  U  S  A  A  J
F  O  G  F  K  X  X  B  U  M  S  D  U  N  R  X
A  G  Û  A  N  A  G  M  Z  E  L  Y  C  T  T  I
V  A  B  T  L  E  K  X  F  R  E  G  R  I  I  N
O  I  G  H  Y  D  U  Z  U  W  L  S  E  O  S  G
R  I  S  T  C  A  L  O  R  I  E  S  R  X  A  R
I  N  O  I  X  D  E  C  O  C  O  S  D  Y  N  É
C  S  E  T  È  U  H  A  C  A  C  A  U  D  A  D
T  A  Z  Z  Z  X  O  E  S  T  B  V  O  A  L  I
É  Z  C  Z  F  P  S  D  X  A  W  E  P  N  J  E
T  U  I  A  B  O  H  F  S  F  R  U  U  T  M  N
I  N  R  D  O  H  Y  O  K  V  P  R  E  A  L  T
L  E  M  A  R  A  C  Q  M  F  Q  Q  T  J  E  W
A  R  Ô  M  E  U  Q  I  T  O  X  E  L  N  L  O
U  B  I  C  I  G  D  T  X  D  M  Q  T  R  J  I
Q  O  P  V  L  D  É  L  I  C  I  E  U  X  U  U
```

AMER	NOIX DE COCO
ANTIOXYDANT	DÉLICIEUX
ARÔME	DOUX
ARTISANAL	EXOTIQUE
SUCRE	FAVORI
CACAHUÈTES	GOÛT
CACAO	INGRÉDIENT
QUALITÉ	POUDRE
CALORIES	RECETTE
CARAMEL	SAVEUR

65 - Barbacoas

```
S A L A D E S D C H A U D S N O
M U S I Q U E G É W N E X A H I
M É L É G U M E S J L C U U C G
E T E L U O P Q A G E V D C G N
E É B E C T D X V S V U B E Z O
J E Y S U O G X C S V U N M T N
O U D W E M E N F A N T S E Y S
N D X K D A P H F A I M S L R Q
M B A R G T P D Q F R U I T Z K
D K X U A E T U O C U L W Y O O
A K W X O S V Y K X T N G R I L
D S R E O S H S U X G M O U A Z
B Î I Q B K U V J S Z Q X A A P
I C N O V S G E K E M N D U R G
X X E E I X B E D P O I V R E X
E Y F Y R F A M I L L E K R B J
```

DÉJEUNER	MUSIQUE
CHAUD	ENFANTS
OIGNONS	GRIL
DÎNER	POIVRE
COUTEAUX	POULET
SALADES	SEL
FAMILLE	SAUCE
FRUIT	TOMATES
FAIM	ÉTÉ
JEUX	LÉGUMES

66 - Ropa

```
B B I T T P T A B L I E R G U N
W R I V N A J S Y F Y S T N A G
A M A J Y P E P B F A I G W E C
I W K C O K X U C S H M Q M T H
W B S H E U D H D N V E M B N E
T G Y D R L X V H N P H I G A M
C I E R U R E I L L O C T I M I
T O R I T T S T F O U L A R D S
S H U F N Y S G N N J U P E P I
U K S O I K I E D O M V A H H E
M F S L E V P U L L D C H V Q R
F W U C C M P X G A V C C E Y M
C H A P E A U Y W T D O Y S I H
B O H C B A D A X N V N D T E F
F N C O O W Q O J A L R A E S Q
V Z W C R I T Q P P J M T S Z R
```

MANTEAU	BIJOUX
CHEMISIER	MODE
FOULARD	PANTALON
CHEMISE	PYJAMA
VESTE	BRACELET
CEINTURE	SANDALES
COLLIER	CHAPEAU
TABLIER	PULL
JUPE	ROBE
GANTS	CHAUSSURE

67 - Meditación

```
B P O X T N O I T A T P E C C A
R E S P I R A T I O N P M Y N T
N O I S S A P M O C O O L A F T
M K M N D U P V M G I S A P T E
T E P J I O K J N R T C W T N
C O N L D T N E E G A U Q H H T
M L Q T K F P S P B V R T B W I
O T A Z A B E S Q Y R E L U Q O
U W V R D L N E N T E R U T A N
V M R P T S S L I Q S V C O Y D
E U M E I É É L Y G B W B M G U
M A B C X L E I V J O L C C B X
E K E T T W S T É M O T I O N S
N L J H I R K N E S P R I T R L
T M U S I Q U E D U T I T A R G
S I L E N C E G R G R E X P R G
```

ACCEPTATION
ATTENTION
GENTILLESSE
CALME
CLARTÉ
COMPASSION
ÉMOTIONS
GRATITUDE
MENTAL
ESPRIT

MOUVEMENT
MUSIQUE
NATURE
OBSERVATION
PAIX
PENSÉES
POSTURE
RESPIRATION
SILENCE

68 - Café

```
L G E L T C N T N O L N R Ô T I
Y A D N A A X F O O P R I X E P
T T I É S F J Z S O I W H W Y P
I B U T S É W L S I H R B P Y K
W L Q É E I Y G I W S C G N H H
M M I I G N L P O L W S J R F H
F K L R S E O B B A M E R A K O
V Q Z A A R Z N Y K R Z F F B L
M B F V V C J G E A G K I S I E
A O C G E U A E R C Q I C C M E
R Y U P U S N R X I E R T L I F
Ô S A D R A C I D E M A T I N X
M Q Z K R G A H X F È A F D S G
E H N L T E N I G I R O L U R G
N Q U U Z O A S M V C O I U S L
F W A X V L I V U A C U W J T U
```

EAU	LAIT
AMER	LIQUIDE
ARÔME	MATIN
RÔTI	MOUDRE
SUCRE	NOIR
ACIDE	ORIGINE
BOISSON	PRIX
CAFÉINE	SAVEUR
CRÈME	TASSE
FILTRE	VARIÉTÉ

69 - Libros

```
B F E G F N B Y M L U O C V B H
T Z Q K W L B X O S C I O E G U
H D N R R S É R I E O D L C U M
R I M U V X T U V I N U L Y Q O
O P S E A L O E G S T A E J E R
M E H T Z B R T Z É E L C S T I
A R I A O R H C M O X I T M A S
N T S R J I D E A P T T I I V T
V I T R E V R L M Z E É O N E I
K N O A U S U E X È I A N V N Q
N E R N Q É E A G W O M R E T U
M N I Z I C T P A G E P W N U E
R T Q Y G R U V W T I N F T R S
F B U R A I A W Z U P K K I E V
R W E F R T B X E L B K Z F F C
P L I T T É R A I R E F P V U T
```

AUTEUR
AVENTURE
COLLECTION
CONTEXTE
DUALITÉ
ÉCRIT
HISTOIRE
HISTORIQUE
HUMORISTIQUE
INVENTIF

LECTEUR
LITTÉRAIRE
NARRATEUR
ROMAN
PAGE
PERTINENT
POÈME
POÉSIE
SÉRIE
TRAGIQUE

70 - Los Medios de Comunicación

```
A T T I T U D E S T I A F M E R
C O M M U N I C A T I O N C R H
L P B B T V J B Y O R É S E A U
K O H S K X E B V C Y Y Z G C J
E R C O A B Q É D I T I O N O O
H R J A T N O B H L I F I L M U
Q E M N L O B H M B N T D N M R
A R V O H J S S X U O N A D E N
N U M É R I Q U E P J O R A R A
L T N E M E C N A N I F J N C U
V S W N T M T D Z T I B L T I X
U Y F G O P I N I O N Z X H A P
Y N O I S I V É L É T D A G L N
Y V J L I N D U S T R I E G J N
R D F N É D U C A T I O N S A I
I N T E L L E C T U E L Z M S M
```

ATTITUDES   INDUSTRIE
COMMERCIAL   INTELLECTUEL
COMMUNICATION   LOCAL
NUMÉRIQUE   OPINION
ÉDITION   JOURNAUX
ÉDUCATION   PUBLIC
EN LIGNE   RADIO
FINANCEMENT   RÉSEAU
PHOTOS   MAGAZINES
FAITS   TÉLÉVISION

71 - Nutrición

```
A D H C I É T N A S T E C Q S O
N M B A W H Q D I G E S T I O N
U P E C U A S U D U M A B V Q T
T R F R U O S E I W Z L N N T O
R O E Z J G A I L L Y S D I O P
I T R L U S Q T M A I I U A X Q
T É M Y J A N G U N É B F S I U
I I E V I T A M I N E R R H N A
F N N S A V E U R U G P É É E L
V E T Z B Y S L U E L I I C X I
K S A A P P É T I T U Z P Y X T
J H T C I L O W C G C Z E H H É
S E I R O L A C M I I Z F X H Q
C Z O W M V C W J K D S R R H L
Q R N M J I L Z Q T E E A R P J
C O M E S T I B L E S D I È T E
```

AMER
APPÉTIT
QUALITÉ
CALORIES
GLUCIDES
CÉRÉALES
COMESTIBLE
DIÈTE
DIGESTION
ÉQUILIBRÉ

FERMENTATION
NUTRITIF
POIDS
PROTÉINES
SAVEUR
SAUCE
SANTÉ
SAIN
TOXINE
VITAMINE

72 - Edificios

```
L F M S L T D G K B V F T T S U
A P P A R T E M E N T É H I D D
T M K F O M R N C B O C É M O H
I M É M T A I C I R F O Â L Z X
P G H N O S O D A B A L T X W V
Ô R C U I B T O Z G A E R Z X T
H A R N Y C A A A P L C E C Y B
W N A I B Y R Q K N E G A R A G
T G M V I X O X M C D F E R M E
O E R E C G B B U U A E T Â H C
U R E R E D A T S R S M H I G L
R W P S F Y L N I H S É H E R F
F N U I S C E B N H A Q E I N P
Y Z S T N X T K E H B Y B F Z M
U C P É X I Ô I T S M B G T O D
J G Z K W E H I L I A G F V K E
```

APPARTEMENT
CABINE
CHÂTEAU
CINÉMA
AMBASSADE
ÉCOLE
STADE
USINE
GARAGE
GRANGE

FERME
HÔPITAL
HÔTEL
LABORATOIRE
MUSÉE
SUPERMARCHÉ
THÉÂTRE
TOUR
UNIVERSITÉ

73 - Océano

```
V S Q T C N Q V K L Z U F S R Y
T I W N K X A X R H T W C Z A B
T C F Q E Q V T Z É X S B S J G
Y A L C C O R A I L C O L T A G
P N G D R W T V M E Z I G O L D
X L T A D E N U W S K D F R G P
Z F Q U R R V A O O N E D T U O
U O K P Z T Y E U J I X J U E U
T G I H Q Î O T T X U Z E E N L
S H F I U U H A A T Q Z R Y I P
G G O N I H P B D M E M X M E E
G M N N K P J S E É R A M U L J
T E M P Ê T E D F D R W U X A G
X C R A B E L L I U G N A U B N
H S S P D Q R N O S S I O P M E
T J O F B B G T P E É P O N G E
```

ALGUE
ANGUILLE
RÉCIF
THON
BALEINE
BATEAU
CREVETTE
CRABE
CORAIL
DAUPHIN

ÉPONGE
MARÉES
MÉDUSE
HUÎTRE
POISSON
POULPE
SEL
REQUIN
TEMPÊTE
TORTUE

74 - Ciudad

```
S F H B Q K B S E K W R P D Z B
U T S I H G O N U U Z U H I I O
P T N B G B X N Q W E É S U M U
E D J L C F Z E I R I A R B I L
R D H I Z V J R N S C M T U C A
M P A O J F O T I F A K B C V N
A U G T J H R Â L N M G D B F G
R N M H S J S É C M R R A U L E
C I A È H V E H A D A É C M E R
H V G Q Z O O T Z S H C I D U I
É E W U B A N Q U E P O N P R E
N R X E G A L E R I E L É X I M
U S H E F S H Ô T E L E M R S P
R I Q B C E B Y Z S I H A G T R
G T R O P O R É A V L V P M E E
W É H C R A M H M W T G W Y P C
```

AÉROPORT   HÔTEL
BANQUE   LIBRAIRIE
BIBLIOTHÈQUE   MARCHÉ
CINÉMA   MUSÉE
CLINIQUE   BOULANGERIE
ÉCOLE   SUPERMARCHÉ
STADE   THÉÂTRE
PHARMACIE   MAGASIN
FLEURISTE   UNIVERSITÉ
GALERIE   ZOO

75 - Agronomía

```
P H S K E T B V T P A G C É J L
L S Y S T È M E S O G R I N A É
A A U Z H I R D S L R A E E U G
N G R K K U P U C L I I S R E U
T I I U P U T T I U C N X G N M
E L B A R U D É E T U E C I V E
S G O E E E S V N I L S É E I S
Z S I I P U A F C O T I R M R V
R E Q R H J Q H E N U A O A O M
P R O D U C T I O N R R S L N O
X L X Y A R Z N K E G I A N Z
I W K H N X H O A A G N O D E V
É C O L O G I E U L G E N I M A
O T Y E C N A S S I O R C E E S
M O P H J M N W F P Z T O S N C
E I R N X J P S N A P H Y J T J
```

AGRICULTURE
EAU
SCIENCE
POLLUTION
CROISSANCE
ÉCOLOGIE
ÉNERGIE
MALADIES
ÉROSION
ÉTUDE

ENGRAIS
ENVIRONNEMENT
ORGANIQUE
PLANTES
PRODUCTION
RURAL
GRAINES
SYSTÈMES
DURABLE
LÉGUMES

76 - Deporte

```
M L C S A X A U X K V Q I O H X
T W C A P M F G G Y N E B T X T
C Q Y C P O P N U T R I T I O N
B U C O C A R R U T I H H K P Q
O S L R R I C T O H H C A G H V
R E I P J B V I S G F K T P F A
E L S S Z R Y C T M R N N T O T
S C M X E R Z T M É S A E X R H
P S E T È I D T B C D N M J C L
I U M É T A B O L I Q U E M E È
R M Y P Z T Y X F T A K R K E T
E N A G E R K J T D Q I I R E E
R U E N Î A R T N E F É T N A S
J K D T D A N S E H B X É Z K A
C M A X I M I S E R R U Y R M Q
W J E N D U R A N C E O X T E G
```

ATHLÈTE	OS
DANSE	MAXIMISER
CAPACITÉ	MÉTABOLIQUE
CYCLISME	MUSCLES
CORPS	NAGER
SPORTS	NUTRITION
DIÈTE	PROGRAMME
ENTRAÎNEUR	ENDURANCE
ÉTIREMENT	RESPIRER
FORCE	SANTÉ

77 - Actividades y Ocio

```
G  J  N  P  B  Z  Y  Z  G  I  C  I  I  S  V  P
P  O  A  Y  F  H  E  N  V  W  O  G  L  U  O  T
E  Y  L  R  E  G  A  N  F  O  I  I  N  R  Y  F
I  W  Y  F  D  D  B  C  E  H  P  S  W  F  A  F
N  B  O  X  E  I  F  O  O  T  B  A  L  L  G  V
T  C  I  Q  E  É  N  N  O  D  N  A  R  T  E  K
U  F  R  B  K  S  C  A  J  S  C  S  S  I  T  F
R  H  X  P  V  I  A  S  G  C  A  M  P  I  N  G
E  S  R  U  O  C  U  C  H  E  N  V  N  P  A  R
B  A  S  E  B  A  L  L  H  I  A  E  I  L  X  I
T  E  N  N  I  S  O  Z  P  A  J  L  O  O  A  X
P  Ê  C  H  E  K  J  J  R  U  T  R  A  N  L  W
V  O  L  L  E  Y  B  A  L  L  R  S  X  G  E  K
M  C  S  Q  F  W  N  K  J  I  G  P  L  É  R  B
C  L  B  R  I  E  N  O  K  L  R  A  X  E  G  F
Q  G  L  O  J  G  B  A  S  K  E  T  B  A  L  L
```

ART	JARDINAGE
BASKET-BALL	NAGER
BASE-BALL	PÊCHE
BOXE	PEINTURE
PLONGÉE	RELAXANT
CAMPING	RANDONNÉE
COURSE	SURF
ACHATS	TENNIS
FOOTBALL	VOYAGE
GOLF	VOLLEY-BALL

78 - Ingeniería

```
A  R  É  T  I  L  I  B  A  T  S  F  D  C  D  O
H  X  F  K  D  V  E  F  P  X  O  J  I  O  I  H
E  W  E  L  G  N  A  V  O  D  S  J  A  N  S  D
F  R  I  C  T  I  O  N  I  R  L  T  M  S  T  I
V  U  U  P  A  V  U  A  C  E  C  P  È  T  R  E
L  E  I  G  R  E  N  É  F  D  R  E  T  R  I  S
U  D  M  A  C  H  I  N  E  I  U  S  R  U  B  E
I  N  K  Z  E  R  Q  K  H  U  E  Q  E  C  U  L
I  O  X  Y  X  F  J  H  G  Q  T  H  R  T  T  R
X  F  V  F  F  T  T  R  E  I  O  W  U  I  I  L
X  O  Y  I  J  T  X  L  L  L  M  J  S  O  O  C
E  R  U  T  C  U  R  T  S  J  K  S  E  N  N  A
N  P  P  R  O  P  U  L  S  I  O  N  M  E  T  L
E  D  M  G  D  I  A  G  R  A  M  M  E  B  T  C
N  U  E  E  K  K  N  D  O  A  P  K  K  K  E  U
S  I  C  E  E  K  Z  O  G  I  U  V  P  Q  P  L
```

ANGLE
CALCUL
CONSTRUCTION
DIAGRAMME
DIAMÈTRE
DIESEL
DISTRIBUTION
AXE
ÉNERGIE
STABILITÉ

STRUCTURE
FRICTION
FORCE
LIQUIDE
MACHINE
MESURE
MOTEUR
LEVIERS
PROFONDEUR
PROPULSION

79 - Comida #1

```
T M G F F I P O R C Y A G Z S Z
J U Y M J Y J H F R A I S E K E
F G K V J D P F M C B S E L P X
S V S C I T R O N S L W D I E C
D A T U M L S Q P O B Q N A K L
Y Q L K C V K Z J G H M A B V Y
K N R A D R A N I P É T I U B E
V A C E D Q E H T N E M V L M J
R V J U S E P S T O R B P O N G
L E G R O I U L C N I I A A L D
L T F O T K O O S G O L X H T D
D O C I L I S A B I P A X X L D
C A N N E L L E K O B I J P O K
P F M T D N W E K E T T O R A C
Y G P N V K J I W J F Y Y Z S D
Y Y V G Q D B T L P X Y Y N Y F
```

AIL	FRAISE
BASILIC	JUS
THON	LAIT
SUCRE	CITRON
CANNELLE	MENTHE
VIANDE	NAVET
ORGE	POIRE
OIGNON	SEL
SALADE	SOUPE
ÉPINARD	CAROTTE

80 - Antigüedades

```
P  F  R  D  M  O  A  R  T  N  A  G  É  L  É  Y
E  I  M  R  N  O  I  T  A  R  U  A  T  S  E  R
B  T  È  V  U  E  M  V  Q  U  D  C  P  E  U  F
L  A  O  C  E  B  A  H  R  E  É  O  E  R  Q  Q
E  R  R  A  E  L  Y  T  S  L  C  N  Q  U  I  U
U  O  U  H  S  S  Y  F  I  A  E  D  W  T  T  X
T  C  T  L  Y  Z  M  O  O  V  N  I  V  P  N  D
I  É  T  I  L  A  U  Q  G  F  N  T  I  L  E  I
B  D  O  K  G  T  T  D  L  V  I  I  E  U  H  V
A  I  W  L  G  R  U  V  S  J  E  O  U  C  T  G
H  C  J  K  I  W  M  L  E  X  S  N  X  S  U  A
N  G  V  O  S  I  È  C  L  E  T  K  N  Q  A  L
I  G  L  D  U  O  Y  Z  B  M  C  N  X  P  X  E
L  H  W  Q  H  X  U  O  U  O  K  Y  E  V  U  R
E  N  C  H  È  R  E  S  E  G  H  Z  W  U  A  I
E  F  M  F  G  G  P  I  M  Q  Z  X  G  Q  N  E
```

ART	INHABITUEL
AUTHENTIQUE	BIJOUX
QUALITÉ	PIÈCES
CONDITION	MEUBLES
DÉCORATIF	PRIX
DÉCENNIES	RESTAURATION
ÉLÉGANT	SIÈCLE
SCULPTURE	ENCHÈRES
STYLE	VALEUR
GALERIE	VIEUX

81 - Literatura

```
R  C  T  R  A  G  É  D  I  E  M  C  K  D  N  R
U  Y  O  M  M  D  K  G  I  B  É  O  K  E  A  O
E  L  T  M  O  B  A  K  Z  S  T  N  X  S  R  M
T  B  S  H  P  B  I  F  M  E  A  C  F  C  R  A
U  C  N  W  M  A  S  M  A  B  P  L  W  R  A  N
A  T  I  T  L  E  R  E  F  B  H  U  A  I  T  A
O  U  E  U  G  O  L  A  I  D  O  S  N  P  E  N
D  V  A  B  V  I  T  M  I  G  R  I  A  T  U  A
P  O  É  T  I  Q  U  E  E  S  E  O  L  I  R  L
B  I  O  G  R  A  P  H  I  E  O  N  O  O  S  Y
E  Y  A  R  N  W  C  Q  C  M  R  N  G  N  T  S
I  Y  Y  L  I  Z  B  F  C  È  D  Q  I  I  Y  E
L  B  A  L  E  M  È  H  T  O  O  O  E  E  L  G
H  E  T  O  D  C  E  N  A  P  K  H  H  Y  E  D
F  I  C  T  I  O  N  F  O  C  N  T  I  K  P  O
Q  W  U  O  R  A  J  Z  M  G  X  W  C  Y  J  M
```

ANALOGIE	FICTION
ANALYSE	MÉTAPHORE
ANECDOTE	NARRATEUR
AUTEUR	ROMAN
BIOGRAPHIE	POÈME
COMPARAISON	POÉTIQUE
CONCLUSION	RIME
DESCRIPTION	RYTHME
DIALOGUE	THÈME
STYLE	TRAGÉDIE

82 - Química

```
L  M  É  T  A  U  X  W  K  P  M  Z  D  J  R  D
F  Y  T  U  N  T  K  C  K  Y  E  H  W  S  É  T
M  J  P  M  G  U  F  V  E  I  N  Q  D  Z  A  G
B  T  F  I  C  V  K  P  K  Y  È  G  B  V  C  M
C  A  R  B  O  N  E  O  X  Y  G  È  N  E  T  Z
C  T  L  O  Y  S  R  R  H  I  O  N  Q  M  I  Q
A  Z  V  O  Y  Q  O  E  M  M  R  R  Z  Y  O  Y
T  N  R  O  I  K  L  T  O  J  D  S  N  Z  N  H
A  L  U  U  G  A  H  K  L  O  Y  O  Y  N  P  O
L  I  E  C  T  E  C  N  É  J  H  K  E  E  Q  C
Y  Q  L  F  L  E  D  I  C  A  L  C  A  L  I  N
S  U  A  L  E  É  P  S  U  G  R  L  N  C  P  K
E  I  H  F  S  U  A  D  L  B  K  P  D  E  Q  S
U  D  C  Y  P  L  W  I  E  W  L  T  T  H  L  C
R  E  D  U  M  R  N  O  R  T  C  E  L  É  Q  Q
E  R  U  T  A  R  É  P  M  E  T  R  B  F  T  V
```

ALCALIN	ION
ACIDE	LIQUIDE
CHALEUR	MÉTAUX
CARBONE	MOLÉCULE
CATALYSEUR	NUCLÉAIRE
CHLORE	OXYGÈNE
ÉLECTRON	POIDS
ENZYME	RÉACTION
GAZ	SEL
HYDROGÈNE	TEMPÉRATURE

83 - Gobierno

```
J  P  F  E  H  E  O  B  N  P  B  Q  B  P  Z  S
K  M  K  F  R  R  T  J  O  O  J  Q  L  W  F  N
D  A  L  I  V  I  C  J  I  L  I  D  F  G  X  A
Z  K  N  O  R  A  H  I  T  I  N  T  A  T  É  T
E  A  J  E  I  I  Z  É  U  T  K  N  A  H  D  I
C  C  U  I  E  C  H  T  T  I  B  E  E  N  É  O
N  P  S  L  L  I  L  E  I  Q  V  M  W  W  M  N
A  H  T  C  O  D  U  N  T  U  P  U  R  D  O  A
D  O  I  X  B  U  V  N  S  E  B  N  M  I  C  L
N  O  C  A  M  J  Q  E  N  U  X  O  G  S  R  N
E  V  E  C  Y  E  D  Y  O  M  G  M  F  T  A  N
P  W  Y  L  S  R  U  O  C  S  I  D  B  R  T  K
É  G  A  L  I  T  É  T  R  E  B  I  L  I  I  T
D  L  E  A  D  E  R  I  A  Z  V  U  U  C  E  Z
N  G  P  Z  Y  M  S  C  C  O  B  Y  S  T  U  Z
I  H  Q  C  D  I  S  C  U  S  S  I  O  N  G  T
```

CITOYENNETÉ   JUDICIAIRE
CIVIL   JUSTICE
CONSTITUTION   LOI
DÉMOCRATIE   LIBERTÉ
DISCOURS   LEADER
DISCUSSION   MONUMENT
DISTRICT   NATIONAL
ÉTAT   NATION
ÉGALITÉ   POLITIQUE
INDÉPENDANCE   SYMBOLE

84 - Creatividad

```
A U S I N C V I T A L I T É H I
M D P D A M O I Z N U E N I C M
L K O É A F A M L F O C U R D A
E G N E V S K E P U E N I N F G
S G T S P A P X A É T R A L C I
E I A Q P L M P V X T N B I A N
N N N M F Y F R S J R E X P J A
S S É T I S N E T N I J N S Q T
A P T D T N G S C W W A C G I
T I I S N O I S I V P U W T E O
I R D A E I X I C H D K N B X N
O A I T V T S O M R R Z B O T Q
N T U L N O T N B I Q B M V X N
X I L N I M D R A M A T I Q U E
I O F Y P É T I N T U I T I O N
I N I M P R E S S I O N U H Y S
```

CLARTÉ	IMAGINATION
DRAMATIQUE	IMPRESSION
ÉMOTIONS	INSPIRATION
SPONTANÉ	INTENSITÉ
EXPRESSION	INTUITION
FLUIDITÉ	INVENTIF
COMPÉTENCE	SENSATION
IDÉES	VISIONS
IMAGE	VITALITÉ

85 - Comida #2

```
D B Y E N I G R E B U A Q R P H
O E U F W X V A T L P F O N O X
U D K W D Y Z I R Q P H T J M H
D N Y S I S F S U A C J V K M T
Y A P X I D F I O V P É L B E L
S M L J H A L N A U B Q L D B L
C A N T S R B I Y S O A H E F E
G H V T O U R N E S O L N G R S
I K O I R P P K T D I F E A D I
N I S C A R T I C H A U T M N R
G W X E O I P B T Z W O E O I E
E I Z E R L J G O T V R L R A C
M M M E F N A U M C G I U F P X
B Z P I M L A T A Y Z U O H Z G
R B I F J M U W T Q Q I P F J J
E S W Z D G O P E L J W K Q K Z
```

ARTICHAUT	KIWI
AMANDE	POMME
CÉLERI	PAIN
RIZ	BANANE
AUBERGINE	POULET
CERISE	FROMAGE
CHOCOLAT	TOMATE
TOURNESOL	BLÉ
OEUF	RAISIN
GINGEMBRE	YAOURT

86 - Arte

```
M L H J S F J H K V V G O V D M
R V E Z Z U E P O O T P V I É V
R N D F W F R B G N T B Z S P T
O L A N I G I R O F N T M U E T
S U J E T M P G É E B Ê D E I C
X D Q P U P E O U A N É T L N O
A P R Z Q E I G I R L R Z E D M
P O É S I E N N V E E I E L R P
R A Y L B C T C I É L P S P E L
U D F S P Z U V H R O S Z M E E
E U Q I M A R É C C B N J I E X
M I W V A R E T P Y M I S S I E
U X N L E Z S Q F D Y G E F L N
H K L F D W N O I S S E R P X E
P E R S O N N E L B X I L S X F
C O M P O S I T I O N N W S Z N
```

CÉRAMIQUE
COMPLEXE
COMPOSITION
CRÉER
EXPRESSION
FIGURE
HONNÊTE
HUMEUR
INSPIRÉ
ORIGINAL

PERSONNEL
PEINTURES
POÉSIE
DÉPEINDRE
SIMPLE
SYMBOLE
SURRÉALISME
SUJET
VISUEL

87 - Diplomacia

```
É  T  H  I  Q  U  E  C  W  W  H  J  D  I  S  J
A  N  T  J  U  A  G  P  J  P  E  W  D  Y  O  L
M  J  U  S  T  I  C  E  O  D  U  K  B  A  L  T
B  I  P  Q  P  Q  E  N  M  L  Q  E  I  L  U  N
A  I  D  I  R  F  K  O  É  T  I  A  C  A  T  E
S  Y  C  O  N  F  L  I  T  R  T  T  R  I  I  M
S  E  W  T  R  E  K  S  I  A  A  X  I  P  O  E
A  G  U  T  E  E  F  S  R  I  M  U  A  Q  N  N
D  W  N  G  G  O  U  U  G  T  O  S  M  N  U  R
E  H  T  H  N  L  J  C  É  É  L  É  B  J  V  E
U  Z  L  Z  A  A  Z  S  T  X  P  C  A  L  X  V
R  K  S  Z  R  A  L  I  N  P  I  U  S  G  C  U
M  U  Z  D  T  Z  R  D  I  L  D  R  S  Q  C  O
C  O  O  P  É  R  A  T  I  O  N  I  A  V  J  G
C  O  N  S  E  I  L  L  E  R  N  T  D  K  V  H
H  U  M  A  N  I  T  A  I  R  E  É  E  O  D  M
```

CONSEILLER   GOUVERNEMENT
CONFLIT   HUMANITAIRE
COOPÉRATION   LANGUES
DIPLOMATIQUE   INTÉGRITÉ
DISCUSSION   JUSTICE
AMBASSADE   POLITIQUE
AMBASSADEUR   SÉCURITÉ
ÉTRANGER   SOLUTION
ÉTHIQUE   TRAITÉ

88 - Herboristería

```
H  T  B  S  C  L  F  A  W  B  B  V  B  D  Z  G
N  E  H  N  U  G  O  L  I  U  O  N  E  F  R  R
É  U  S  S  L  L  N  I  E  V  O  I  T  C  X  K
T  Q  V  H  I  J  Y  S  V  U  Z  R  N  Q  I  U
I  I  E  J  N  I  H  R  L  R  R  A  A  N  B  T
L  T  R  E  A  A  J  E  M  A  A  M  L  A  W  B
A  A  T  N  I  T  V  P  H  Z  F  O  P  D  Q  Q
U  M  V  I  R  H  G  H  D  T  V  R  U  X  D  J
Q  O  P  A  E  F  A  I  L  Z  N  I  D  R  A  J
Q  R  S  L  N  O  G  A  R  T  S  E  J  U  C  J
T  A  E  O  V  D  V  A  N  E  T  H  M  E  D  X
L  D  D  J  H  C  E  S  A  F  R  A  N  V  X  W
I  N  G  R  É  D  I  E  N  T  K  O  F  A  T  W
H  E  Q  A  B  A  S  I  L  I  C  J  V  S  M  W
U  V  T  M  O  R  Y  P  T  T  M  L  X  X  A  I
L  W  D  O  S  C  D  I  J  B  G  S  Z  Y  F  P
```

AIL   INGRÉDIENT
BASILIC   JARDIN
AROMATIQUE   LAVANDE
SAFRAN   MARJOLAINE
QUALITÉ   MENTHE
CULINAIRE   PERSIL
ANETH   PLANTE
ESTRAGON   ROMARIN
FLEUR   SAVEUR
FENOUIL   VERT

89 - Energía

```
M R T D A Z S P X E E C J S É V
H O P R O Q M C L I E L O S L H
Z R T N E V X T P P L R P B E N
N T B E B S K N G O P E H J C P
Y H É C U L W A U R E N O J T Z
O X L R S R O R O T R O T H R U
A V E I R T S U D N I U O Y I Y
B A C C I C X B P E A V N D Q I
W P T E N I B R U T É E O R U Y
R E R R U E L A H C L L I O E O
P U O A A D S C O W C A T G L P
R R N H A K I S Z T U B U È U N
C A R B O N E E E S N L L N G M
B A T T E R I E S S I E L E A S
S P X L X O S N C E X Z O H O Z
R K O Z P A R W X C L Z P K Y S
```

BATTERIE
CHALEUR
CARBONE
CARBURANT
POLLUTION
DIESEL
ÉLECTRON
ÉLECTRIQUE
ENTROPIE
PHOTON

ESSENCE
HYDROGÈNE
INDUSTRIE
MOTEUR
NUCLÉAIRE
RENOUVELABLE
SOLEIL
TURBINE
VAPEUR
VENT

90 - Especias

```
A T S V N W O F K T H S P I B Q
S I N A E W B I E L L E N N A C
S S G Y V N R G G D I L A B K G
T R W R S E X T Y N U L R B I Z
R W M R E D U V X X O Y F P R V
O M R U L A O R D G N N A U P V
E Z O C F C D Z Q U E I S O A U
L Z U O O S A Y I R F I U L P V
A J F F R U G I N G E M B R E H
M M C G I M N P O I V R E V P M
E K B Y G Q Z T I R T U K A G B
R P A V V C E A C M U X W N J B
E C L G P M T U U M D T B I Z A
R É G L I S S E M Z Q B N L P I
R R J T D O H K I T P A N L G L
Q T F Z Z J N T N Q L S A E E C
```

AIGRE
AIL
AMER
ANIS
SAFRAN
CANNELLE
OIGNON
GIROFLE
CUMIN
CURRY

DOUX
FENOUIL
GINGEMBRE
MUSCADE
PAPRIKA
POIVRE
RÉGLISSE
SAVEUR
SEL
VANILLE

91 - Emociones

```
C A L M E P R F R V L P P U Y F
V K N O W A U E S S E R D N E T
H S I R S I E H L H B Q S E T I
J Q U F G X P R E I K B Y T R A
N I N E E I O E A F E C M N A F
G E N T I L L E S S E F P O N S
P X E U D N E T É D L A A C Q I
L J O I E A R M G P E K T L U T
A M O U R T È W B T Y T H B I A
I J D M T V L J Y A C T I H L S
F J W R M P O C J P R G E P L H
W X W É T I C X E W H R E C I O
S U R P R I S E X Z W I A L T R
R E C O N N A I S S A N T S É D
S A D I B H Q F J V E H K R S I
T R I S T E S S E D M G Q D R É
```

ENNUI

RECONNAISSANT

JOIE

RELIEF

AMOUR

EMBARRASSÉ

GENTILLESSE

CALME

CONTENU

EXCITÉ

COLÈRE

PEUR

PAIX

DÉTENDU

SATISFAIT

SYMPATHIE

SURPRISE

TENDRESSE

TRANQUILLITÉ

TRISTESSE

92 - Universo

```
C R Z A O A X P C R V D V L A W
E U C S B D S L O F C K I V S V
K E É T S G A T H O E X S D T R
I T L R C K U Y É N W N I R R L
Z A E O U Y F N E R X R B D O A
D U S N R C J A R U O M L C N T
T Q T O I A R S È M X Ï E I O I
L É E M T C K T H D E L D P M T
W O L E É I X O P C I E L E I U
L X N E R È H P S O M T A I E D
D S P G S G E R I A L O S X T E
Y Z N S I C A Y M G V Y P A I N
Z L H P O T O X É K Y P N L B U
R T B M H P U P H H P J L A R L
H O R I Z O N D E F Z X K G O V
S O L S T I C E E U Q I M S O C
```

ASTÉROÏDE
ASTRONOMIE
ASTRONOME
ATMOSPHÈRE
CÉLESTE
CIEL
COSMIQUE
ÉQUATEUR
GALAXIE
HÉMISPHÈRE

HORIZON
LATITUDE
LONGITUDE
LUNE
OBSCURITÉ
ORBITE
SOLAIRE
SOLSTICE
TÉLESCOPE
VISIBLE

93 - Jazz

```
E R T S E H C R O H T Q C P Y N
U Z R A V A Y N F S E K O H G O
Q C E I L W N V K V C S M N F U
I É C M T E R U A S H A P P O V
S L N P U A N A E O N C O V Y E
U È O R I B M T I F I C S I M A
M B C O W W L B W U Q E I E D U
Y R X V M P F A O J U N T U O K
F E S I S T Y L E U E T I X C D
W V Z S I R O V A F R Y O D Y J
Y Q Y A C H A N S O N S N S J K
C N E T S I T R A U V N V V N N
H S M I C O M P O S I T E U R S
C G X O J C R Q I C D U J S B E
W F A N C G E N R E R Y T H M E
Y B P R S Z I U F O K D G E V G
```

ARTISTE
ALBUM
CHANSON
COMPOSITION
COMPOSITEUR
CONCERT
STYLE
ACCENT
CÉLÈBRE
FAVORIS

GENRE
IMPROVISATION
MUSIQUE
NOUVEAU
ORCHESTRE
RYTHME
TALENT
TAMBOURS
TECHNIQUE
VIEUX

94 - Mediciones

```
M T O N N E P N A R K H Z W A D
A I M T I S Z V A R I E O Y U A
P Z N B Y S M X Q R L M Z Q R V
P O O U K A C S I N O H D T Q H
R U U U T M V O É R G E D W D A
O B A C X E R T È M R O N C E U
F A D P E R R J Y C A C V R M T
O Z I R M T U T N I M H O Y M E
N R F F U È E I È X M O C O A U
D F A E L M U R O M E K T Z R R
E L L Z O O G V R D I M E D G L
U O Z B V L N D F R U T T T G L
R J C S D I O P Z Z L Y N W Q I
G F J P B K L B R B N F B E I T
B R E E V D É C I M A L D C C R
L K E D I O K K L A R G E U R E
```

HAUTEUR	LONGUEUR
LARGEUR	MASSE
OCTET	MÈTRE
CENTIMÈTRE	MINUTE
DÉCIMAL	ONCE
DEGRÉ	POIDS
GRAMME	PROFONDEUR
KILOGRAMME	POUCE
KILOMÈTRE	TONNE
LITRE	VOLUME

95 - Barcos

```
D C A L F V N T B I E P U O L G
Q A U A E D A R O O D G L U W P
X N I V R J U E U C K J Q L B E
X O X H R Q T M É É U N C Z Z H
O Ë M U Y X I Â E A Y L P B K D
F H X A Q J Q E M N K A Y A K B
V Q E F R L U É Q U I P A G E F
I T E G E I E É R A M N H R V B
K V Y T I X T A G D N S U M U M
G L P W L P O I N M A R I N E P
D B E N I I K S M C G R T M L D
Z K E N O L E G J E R U C J F V
Y N X T V C O R D E Y E B U J E
O M I L W O U J Y I W T V R P Y
B I R W Y A C H T C L O Y Q Y S
S D O Z P B U P I G V M T W N S
```

ANCRE	MARIN
RADEAU	MARITIME
BOUÉE	MÂT
CANOË	MOTEUR
CORDE	NAUTIQUE
FERRY	OCÉAN
KAYAK	FLEUVE
LAC	ÉQUIPAGE
MER	VOILIER
MARÉE	YACHT

96 - Antártida

```
L K V H J L W F M C O Y Z I M S
V F U V E X E H U O I V U C I C
K G K I Q N X P K N S P M R N I
T W V K I O S V E T E I A B É E
E L U S N I N É P I A Z V P R N
M C M W H T O X I N U A G R A T
P N A M P A I Q P E X T L R U I
É U W L U R T C Q N R E P N X F
R A Z R G G I H H T U A Z E A I
A G E O X I D S R E I C A L G Q
T E X C K M É G Y G R G J H V U
U A E H Q E P R Z B K C I A B E
R E G E V Q X Î B A Z R H A J B
E O E U R C E O L K I N X E K E
B I N X V T P W N E K U Q C U D
P I N G O U I N S D S R N T N R
```

EAU
BAIE
SCIENTIFIQUE
CONTINENT
EXPÉDITION
GLACIERS
GLACE
CHERCHEUR
ÎLES

MIGRATION
MINÉRAUX
NUAGE
OISEAUX
PÉNINSULE
PINGOUINS
ROCHEUX
TEMPÉRATURE

97 - Mamíferos

```
G P W D A U P H I N F Z W N G S
O P P G R Z R R K E N Â A K U Q
I X E U L E F A R I G Q Z G B Z
F F F M V L A V E H C N W K L C
W W X B D O L Y K C V W I P A C
A S G H K U X V B N J D J S P W
G F Y S V P G O A Z F V U V I A
C F W Z W X Z O Q Q È M B A N O
Z O K A N G O U R O U B M S G S
T F Y I O E L L I R O G R N A O
W L X O C N O T U O M C Y E F E
K D X I T I U R E N A R D N I H
P R D U A E R U A T T H S E J P
H I B N H L S C H A M E A U G Y
J K Z Y C A X N G D D G E J D T
R O A O M B É L É P H A N T C O
```

BALEINE	CHAT
ÂNE	GORILLE
CHEVAL	GIRAFE
CHAMEAU	LOUP
KANGOUROU	SINGE
ZÈBRE	OURS
LAPIN	MOUTON
COYOTE	CHIEN
DAUPHIN	TAUREAU
ÉLÉPHANT	RENARD

98 - Boxeo

```
E N H R P I I A K E Y E R C W F
R H B D K O N C T F B H S Z V R
T S I S T N I O P V R T E G P É
I V N R E R T N E C N O C R É C
B V N I Q J R O G Q N S N P P U
R A P I D E E S P R O C E Q U P
A S H Q C Y F U U N T E T Q I É
T P B B K S F C O I N P É V S R
E B O S F V E P C D E R P Y É A
A D V E R S A I R E M A M K O T
L Q D D G C L O C H E E O C I I
A F H U A G W H P L N H C O P O
J U B O N D B A H C X O F R M N
T O P C T X Q Y X H T D O D O H
F J D I S E R U S S E L B E L F
C O M B A T T A N T D V Y S P A
```

ARBITRE
MENTON
CLOCHE
CONCENTRER
COUDE
CORDES
CORPS
COIN
ÉPUISÉ
FORCE

GANTS
COMPÉTENCE
BLESSURES
COMBATTANT
ADVERSAIRE
COUP
POINTS
POING
RAPIDE
RÉCUPÉRATION

99 - Abejas

```
B X D A N V Y M R V Y V F D W G
J F E G C Y N I D R A J N V J I
C V K Y R O B A W U U W B X R W
P O L L I N I S A T E U R X H C
M J I B X N E S E L I A F M A N
P J E É N P R E N I E R M R Y L
A X L N D I V E R S I T É I L L
H E O É U Y B P H J M S T G E D
B K S F Q A J N O C C I R E T L
O N L I F R U I T L U R M P C P
S T S Q Z O G D W A L R P L E U
F S R U E L F U M É E E E A S G
D I B E W D E Z Z V I I N N N A
É C O S Y S T È M E I H Q T I Y
N O U R R I T U R E F E C E H P
F L E U R G Y H V J P J J S P P
```

AILES

BÉNÉFIQUE

CIRE

RUCHE

NOURRITURE

DIVERSITÉ

ÉCOSYSTÈME

ESSAIM

FLEUR

FLEURS

FRUIT

FUMÉE

INSECTE

JARDIN

MIEL

PLANTES

POLLEN

POLLINISATEUR

REINE

SOLEIL

100 - Psicología

```
C E C V I I R K R P A R T T J P
O U G N X N N E T X C V Y N U E
M Q P O S C R D N B H I T E B N
P I R I A O T F U D T N W I N S
O N O T P N I J S M E X T C O É
R I B P W S L D M O O Z W S I E
T L L E N C F X É B R S V N T S
E C È C O I B T E R N U O A P
M I M R I E O F I E S O W C U M
E R E E T N C D L A E I I B L S
N Q P P I T C C A W V T R U A X
T A N I N J Z N É Y Ê O F S V W
N I T A G C A W R Z R M S R É U
P E R S O N N A L I T É J P B T
U X O O C S E N S A T I O N W Y
E N F A N C E T H É R A P I E Q
```

RENDEZ-VOUS
CLINIQUE
COGNITION
COMPORTEMENT
CONFLIT
EGO
ÉMOTIONS
ÉVALUATION
IDÉES
INCONSCIENT

ENFANCE
PENSÉES
PERCEPTION
PERSONNALITÉ
PROBLÈME
RÉALITÉ
SENSATION
SUBCONSCIENT
RÊVES
THÉRAPIE

1 - Arqueología

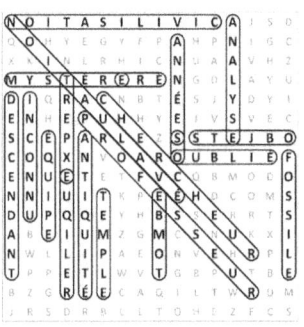

2 - Granja #2

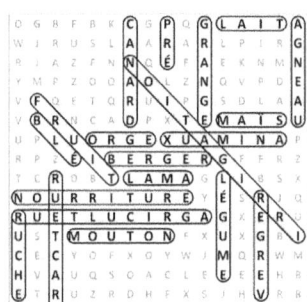
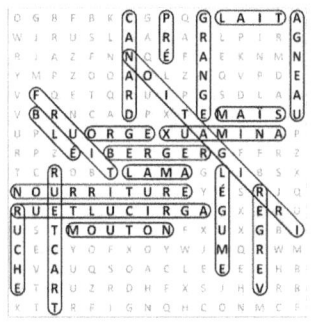

3 - La Empresa

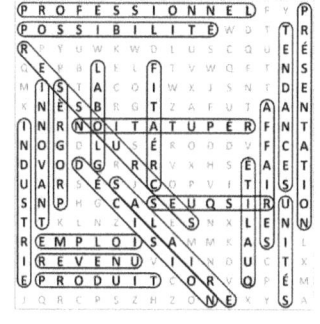

4 - Aviones

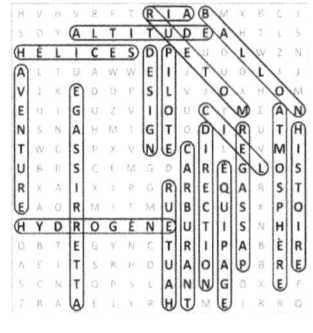

5 - Tipos de Cabello

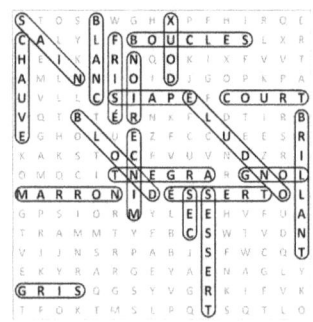

6 - Ética

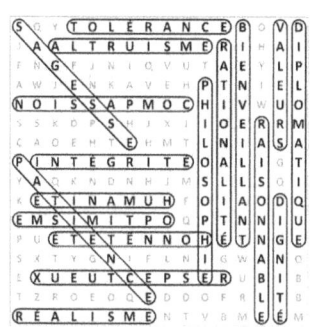

7 - Ciencia Ficción

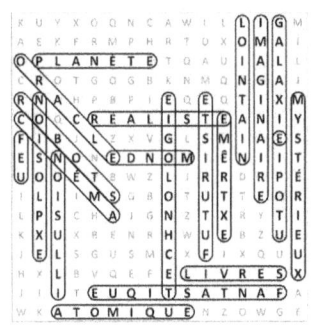

8 - Granja #1

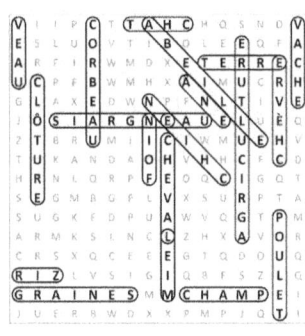

9 - Camping

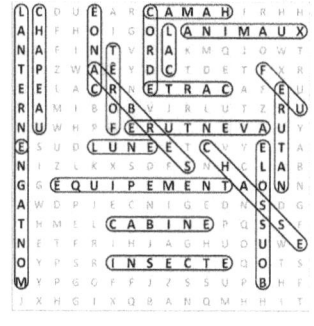

10 - Fruta

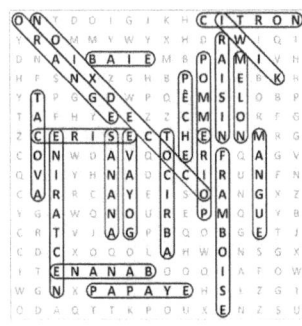

11 - Geología

12 - Álgebra

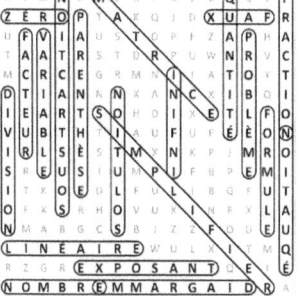

13 - Plantas

14 - Suministros de Arte

15 - Negocio

16 - Jardín

17 - Países #2

18 - Números

19 - Física

20 - Belleza

21 - Países #1

22 - Mitología

23 - Ecología

24 - Casa

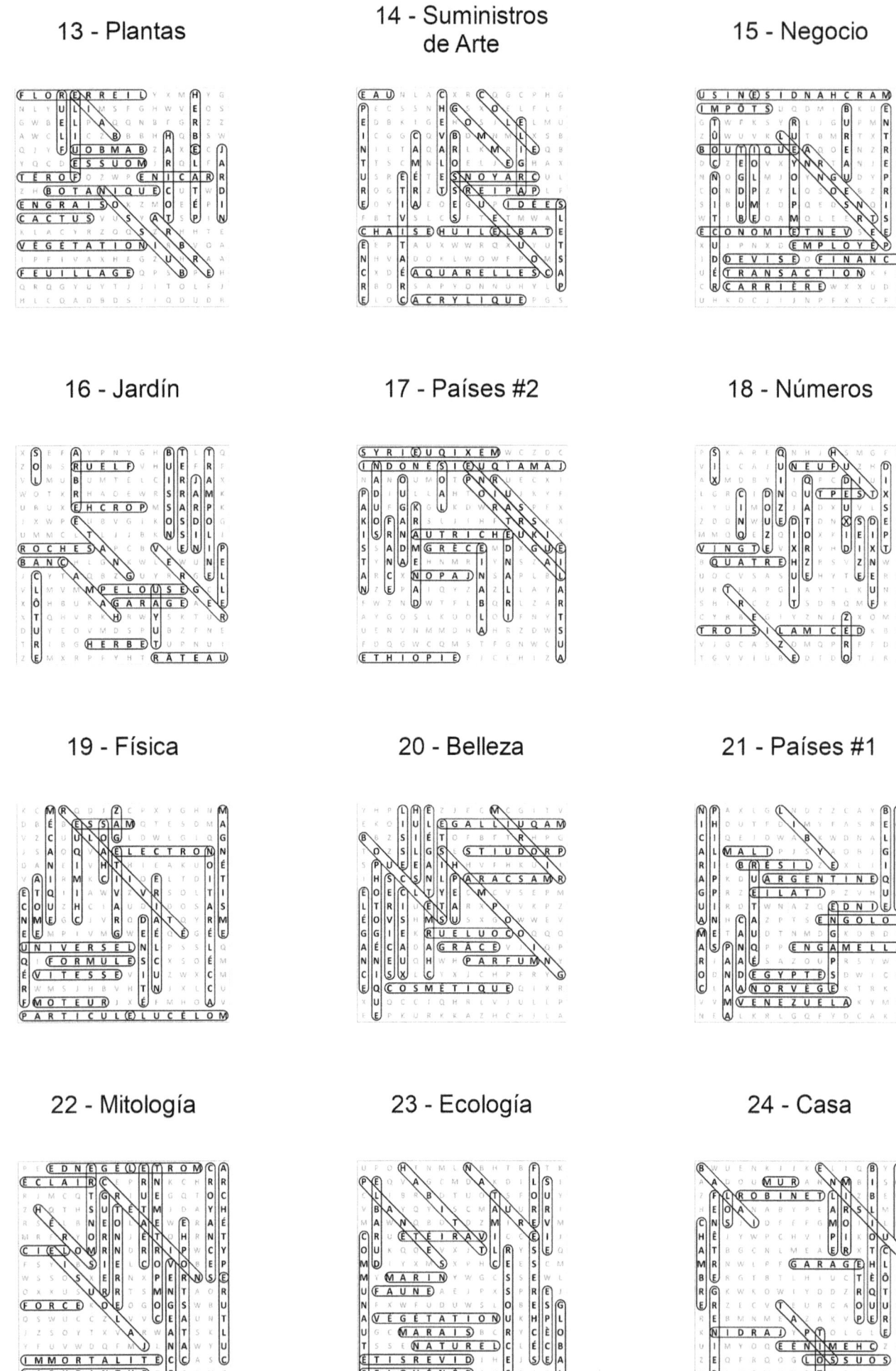

25 - Salud y Bienestar #2

26 - Selva Tropical

27 - Adjetivos #1

28 - Família

29 - Disciplinas Científicas

30 - Cocina

31 - Moda

32 - Electricidad

33 - Salud y Bienestar #1

34 - Adjetivos #2

35 - Cuerpo Humano

36 - Calentamiento Gl

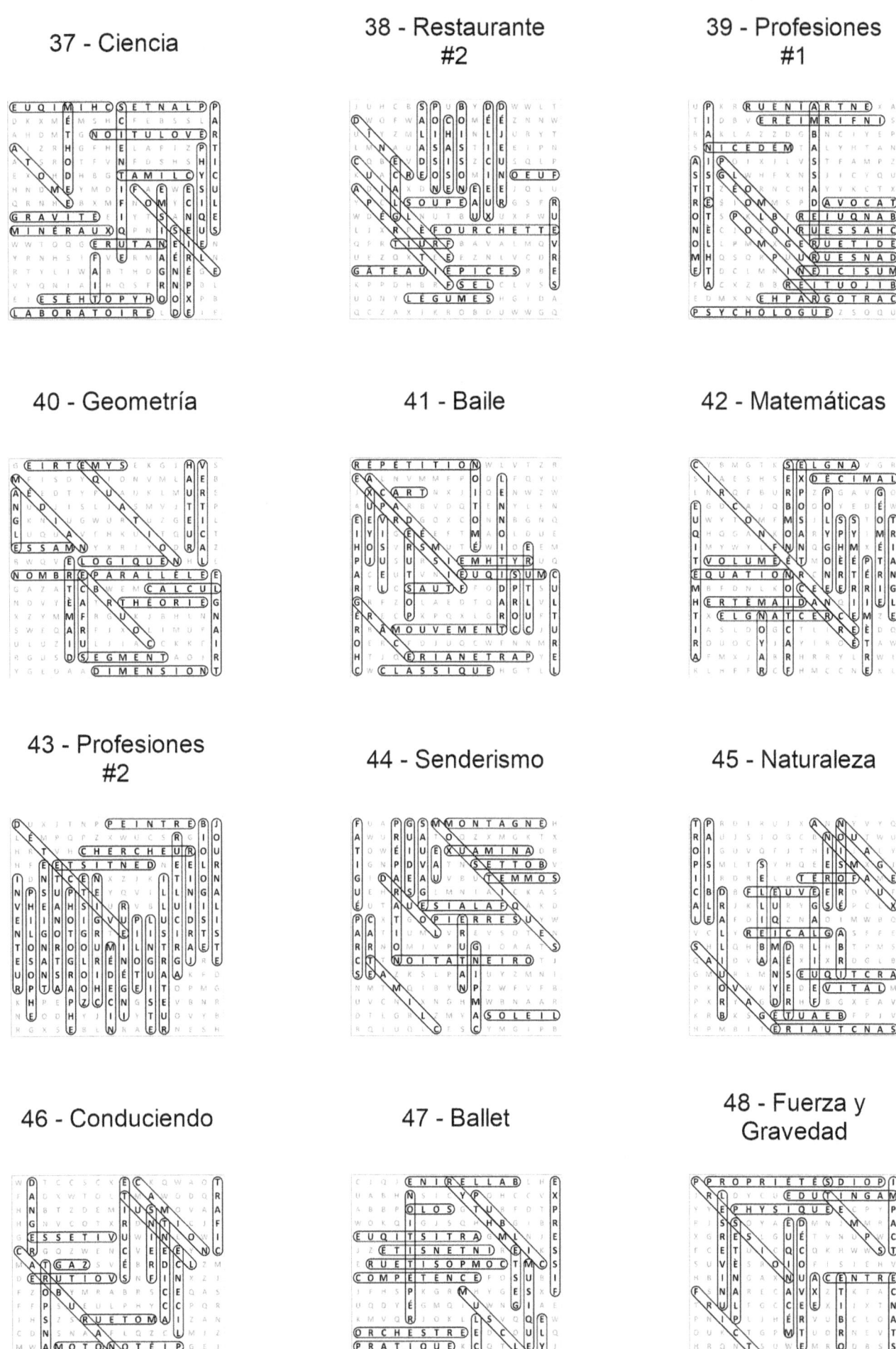

37 - Ciencia

38 - Restaurante #2

39 - Profesiones #1

40 - Geometría

41 - Baile

42 - Matemáticas

43 - Profesiones #2

44 - Senderismo

45 - Naturaleza

46 - Conduciendo

47 - Ballet

48 - Fuerza y Gravedad

49 - Aventura

50 - Pájaros

51 - Geografía

52 - Música

53 - Enfermedad

54 - Actividades

55 - Instrumentos Musicales

56 - Formas

57 - Flores

58 - Astronomía

59 - Tiempo

60 - Paisajes

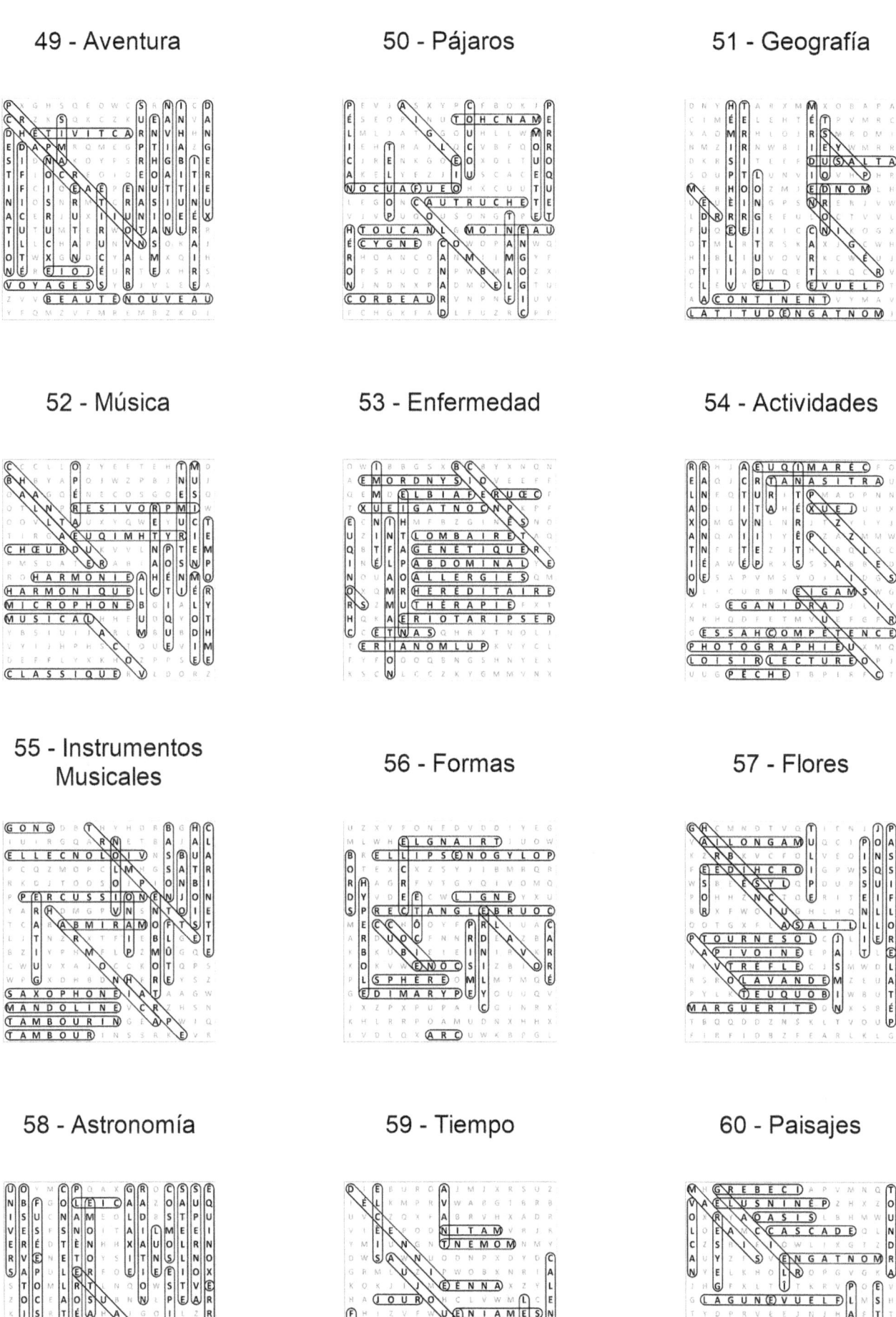

61 - Días y Meses

62 - Biología

63 - Jardinería

64 - Chocolate

65 - Barbacoas

66 - Ropa

67 - Meditación

68 - Café

69 - Libros

70 - Los Medios de Comunicación

71 - Nutrición

72 - Edificios

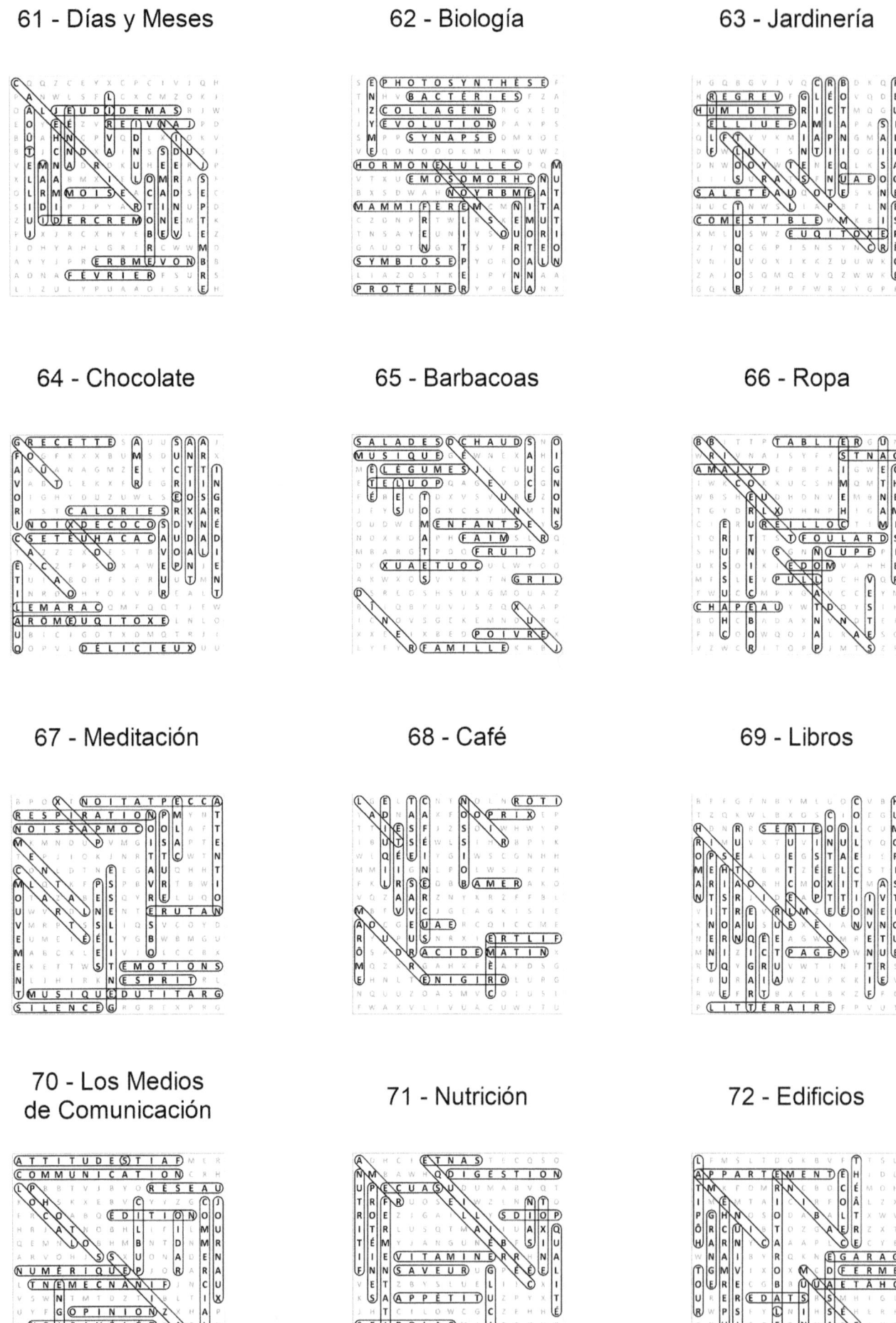

73 - Océano

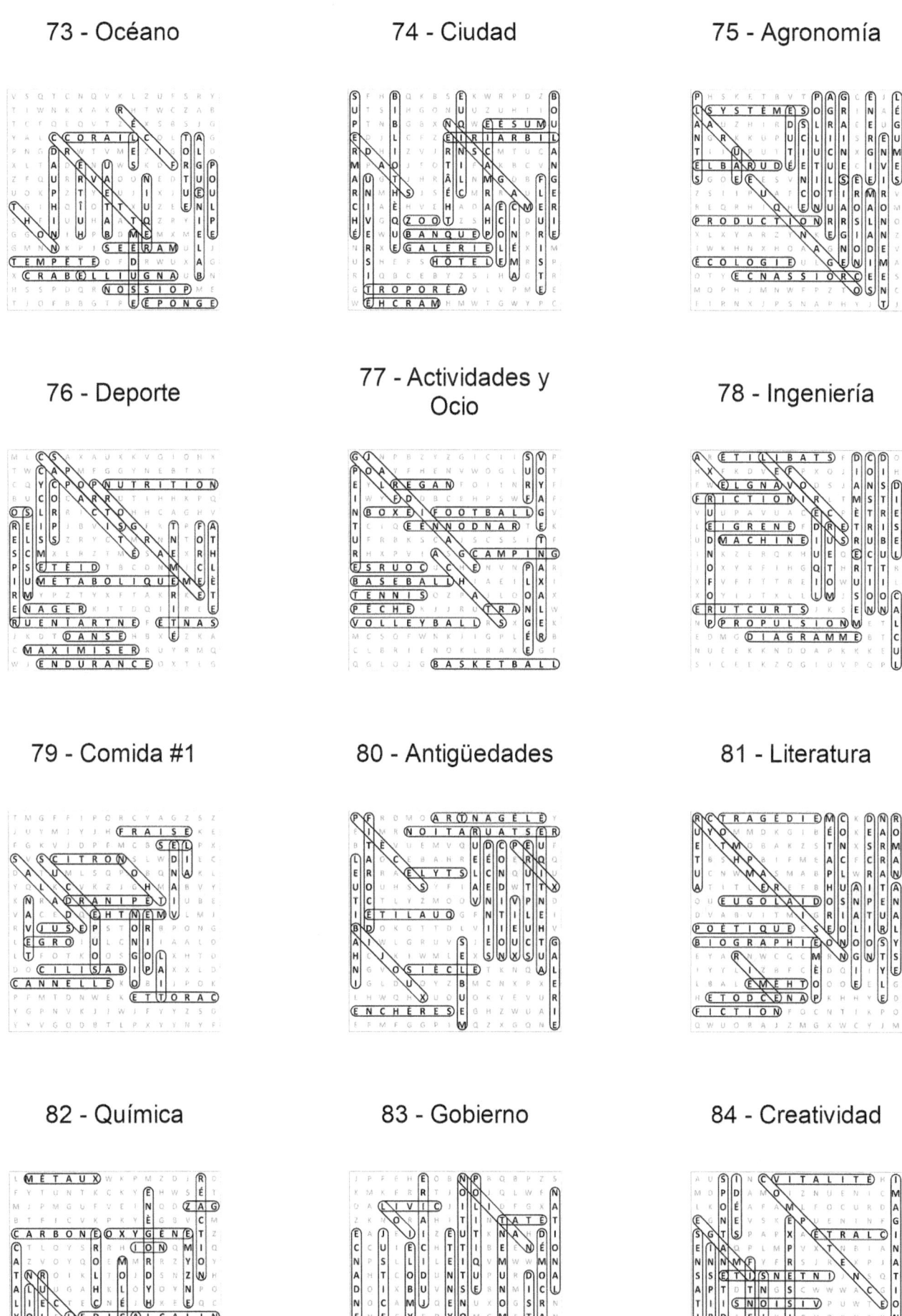

74 - Ciudad

75 - Agronomía

76 - Deporte

77 - Actividades y Ocio

78 - Ingeniería

79 - Comida #1

80 - Antigüedades

81 - Literatura

82 - Química

83 - Gobierno

84 - Creatividad

85 - Comida #2

86 - Arte

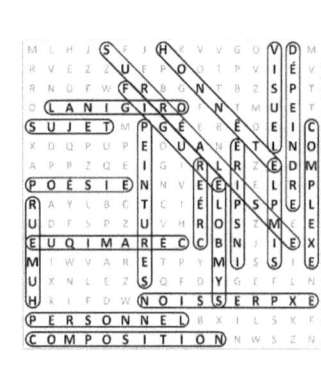

87 - Diplomacia

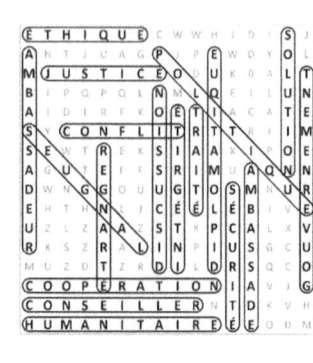

88 - Herboristería

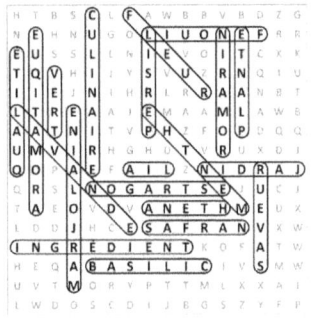

89 - Energía

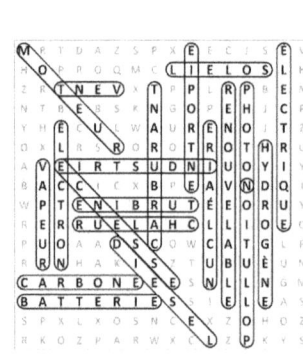

90 - Especias

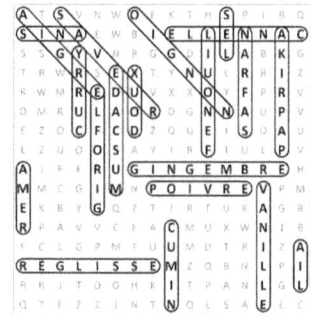

91 - Emociones

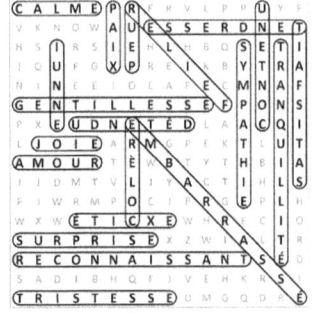

92 - Universo

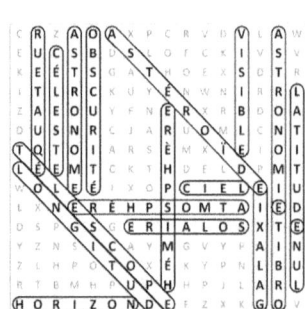

93 - Jazz

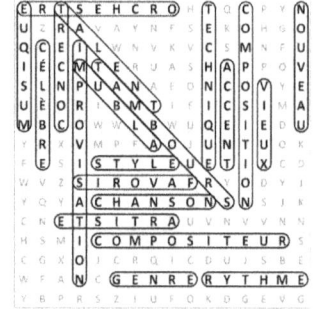

94 - Mediciones

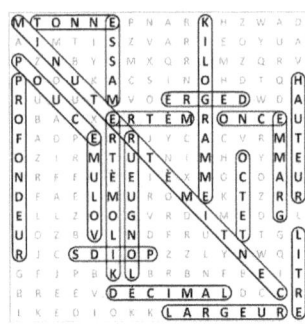

95 - Barcos

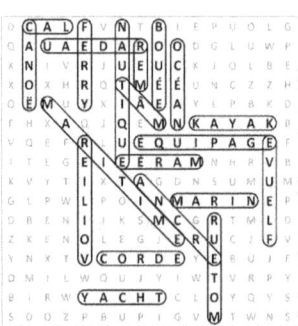

96 - Antártida

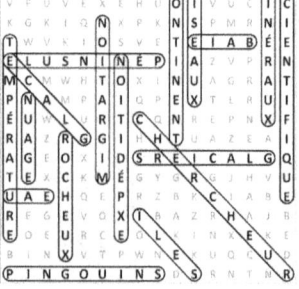

97 - Mamíferos

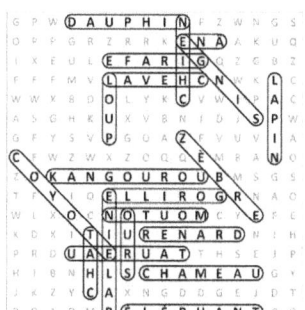

98 - Boxeo

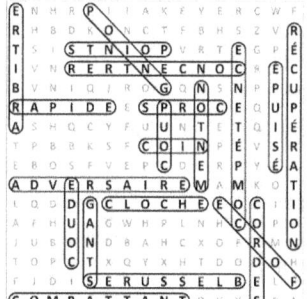

99 - Abejas

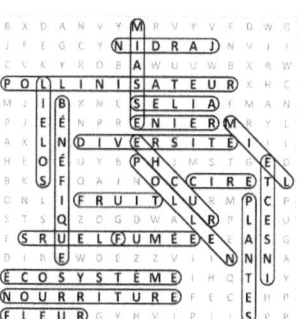

100 - Psicología

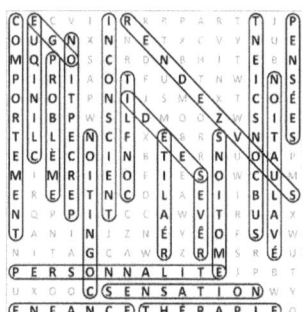

Diccionario

Abejas
Les Abeilles

Alas	Ailes
Beneficioso	Bénéfique
Cera	Cire
Colmena	Ruche
Comida	Nourriture
Diversidad	Diversité
Ecosistema	Écosystème
Enjambre	Essaim
Flor	Fleur
Flores	Fleurs
Fruta	Fruit
Humo	Fumée
Insecto	Insecte
Jardín	Jardin
Miel	Miel
Plantas	Plantes
Polen	Pollen
Polinizador	Pollinisateur
Reina	Reine
Sol	Soleil

Actividades
Activités

Actividad	Activité
Arte	Art
Artesanía	Artisanat
Caza	Chasse
Cerámica	Céramique
Costura	Couture
Fotografía	Photographie
Habilidad	Compétence
Intereses	Intérêts
Jardinería	Jardinage
Juegos	Jeux
Lectura	Lecture
Magia	Magie
Ocio	Loisir
Pesca	Pêche
Pintura	Peinture
Placer	Plaisir
Relajación	Relaxation
Rompecabezas	Puzzles
Senderismo	Randonnée

Actividades y Ocio
Activités et Loisirs

Arte	Art
Baloncesto	Basket-Ball
Béisbol	Base-Ball
Boxeo	Boxe
Buceo	Plongée
Camping	Camping
Carreras	Course
Compras	Achats
Fútbol	Football
Golf	Golf
Jardinería	Jardinage
Natación	Nager
Pesca	Pêche
Pintura	Peinture
Relajante	Relaxant
Senderismo	Randonnée
Surf	Surf
Tenis	Tennis
Viaje	Voyage
Voleibol	Volley-Ball

Adjetivos #1
Adjectifs #1

Absoluto	Absolu
Activo	Actif
Ambicioso	Ambitieux
Aromático	Aromatique
Atractivo	Attractif
Brillante	Brillant
Enorme	Énorme
Generoso	Généreux
Grande	Grand
Honesto	Honnête
Importante	Important
Inocente	Innocent
Joven	Jeune
Lento	Lent
Moderno	Moderne
Oscuro	Foncé
Perfecto	Parfait
Pesado	Lourd
Serio	Grave
Valioso	Précieux

Adjetivos #2
Adjectifs #2

Cansado	Fatigué
Comestible	Comestible
Creativo	Créatif
Descriptivo	Descriptif
Dramático	Dramatique
Elegante	Élégant
Famoso	Célèbre
Fresco	Frais
Fuerte	Fort
Interesante	Intéressant
Natural	Naturel
Normal	Normal
Nuevo	Nouveau
Orgulloso	Fier
Picante	Épicé
Productivo	Productif
Responsable	Responsable
Salado	Salé
Saludable	Sain
Seco	Sec

Agronomía
Agronomie

Agricultura	Agriculture
Agua	Eau
Ciencia	Science
Contaminación	Pollution
Crecimiento	Croissance
Ecología	Écologie
Energía	Énergie
Enfermedades	Maladies
Erosión	Érosion
Estudio	Étude
Fertilizante	Engrais
Medio Ambiente	Environnement
Orgánico	Organique
Plantas	Plantes
Producción	Production
Rural	Rural
Semillas	Graines
Sistemas	Systèmes
Sostenible	Durable
Verduras	Légumes

Antártida
Antarctique

Agua	Eau
Bahía	Baie
Científico	Scientifique
Conservación	Conservation
Continente	Continent
Expedición	Expédition
Geografía	Géographie
Glaciares	Glaciers
Hielo	Glace
Investigador	Chercheur
Islas	Îles
Migración	Migration
Minerales	Minéraux
Nubes	Nuage
Pájaros	Oiseaux
Península	Péninsule
Pingüinos	Pingouins
Rocoso	Rocheux
Temperatura	Température
Topografía	Topographie

Antigüedades
Antiquités

Arte	Art
Auténtico	Authentique
Calidad	Qualité
Condición	Condition
Decorativo	Décoratif
Décadas	Décennies
Elegante	Élégant
Escultura	Sculpture
Estilo	Style
Galería	Galerie
Inusual	Inhabituel
Joyas	Bijoux
Monedas	Pièces
Mueble	Meubles
Precio	Prix
Restauración	Restauration
Siglo	Siècle
Subasta	Enchères
Valor	Valeur
Viejo	Vieux

Arqueología
Archéologie

Análisis	Analyse
Antigüedad	Antiquité
Años	Années
Civilización	Civilisation
Descendiente	Descendant
Desconocido	Inconnu
Equipo	Équipe
Era	Ère
Evaluación	Évaluation
Experto	Expert
Fósil	Fossile
Huesos	Os
Investigador	Chercheur
Misterio	Mystère
Objetos	Objets
Olvidado	Oublié
Profesor	Professeur
Reliquia	Relique
Templo	Temple
Tumba	Tombe

Arte
Art

Cerámica	Céramique
Complejo	Complexe
Composición	Composition
Crear	Créer
Escultura	Sculpture
Expresión	Expression
Figura	Figure
Honesto	Honnête
Humor	Humeur
Inspirado	Inspiré
Original	Original
Personal	Personnel
Pinturas	Peintures
Poesía	Poésie
Retratar	Dépeindre
Sencillo	Simple
Símbolo	Symbole
Surrealismo	Surréalisme
Tema	Sujet
Visual	Visuel

Astronomía
Astronomie

Asteroide	Astéroïde
Astronauta	Astronaute
Astrónomo	Astronome
Cielo	Ciel
Cohete	Fusée
Constelación	Constellation
Cosmos	Cosmos
Eclipse	Éclipse
Equinoccio	Équinoxe
Galaxia	Galaxie
Luna	Lune
Meteoro	Météore
Observatorio	Observatoire
Planeta	Planète
Radiación	Radiation
Satélite	Satellite
Supernova	Supernova
Telescopio	Télescope
Tierra	Terre
Universo	Univers

Aventura
Aventure

Actividad	Activité
Alegría	Joie
Amigos	Amis
Belleza	Beauté
Destino	Destination
Dificultad	Difficulté
Entusiasmo	Enthousiasme
Excursión	Excursion
Inusual	Inhabituel
Itinerario	Itinéraire
Naturaleza	Nature
Navegación	Navigation
Nuevo	Nouveau
Oportunidad	Chance
Peligroso	Dangereux
Preparación	Préparation
Seguridad	Sécurité
Sorprendente	Surprenant
Valentía	Bravoure
Viajes	Voyages

Aviones
Avions

Aire	Air
Altitud	Altitude
Altura	Hauteur
Aterrizaje	Atterrissage
Atmósfera	Atmosphère
Aventura	Aventure
Cielo	Ciel
Combustible	Carburant
Construcción	Construction
Dirección	Direction
Diseño	Design
Globo	Ballon
Hélices	Hélices
Hidrógeno	Hydrogène
Historia	Histoire
Motor	Moteur
Pasajero	Passager
Piloto	Pilote
Tripulación	Équipage
Turbulencia	Turbulence

Álgebra
Algèbre

Cantidad	Quantité
Cero	Zéro
Diagrama	Diagramme
División	Division
Ecuación	Équation
Exponente	Exposant
Factor	Facteur
Falso	Faux
Fórmula	Formule
Fracción	Fraction
Infinito	Infini
Lineal	Linéaire
Matriz	Matrice
Número	Nombre
Paréntesis	Parenthèse
Problema	Problème
Resta	Soustraction
Simplificar	Simplifier
Solución	Solution
Variable	Variable

Baile
Danse

Academia	Académie
Alegre	Joyeux
Arte	Art
Clásico	Classique
Coreografía	Chorégraphie
Cuerpo	Corps
Cultura	Culture
Cultural	Culturel
Emoción	Émotion
Ensayo	Répétition
Expresivo	Expressif
Gracia	Grâce
Movimiento	Mouvement
Música	Musique
Postura	Posture
Ritmo	Rythme
Saltar	Saut
Socio	Partenaire
Tradicional	Traditionnel
Visual	Visuel

Ballet
Ballet

Artístico	Artistique
Audiencia	Public
Bailarina	Ballerine
Bailarines	Danseurs
Compositor	Compositeur
Coreografía	Chorégraphie
Ensayo	Répétition
Estilo	Style
Expresivo	Expressif
Gesto	Geste
Habilidad	Compétence
Intensidad	Intensité
Lecciones	Leçons
Músculos	Muscles
Música	Musique
Orquesta	Orchestre
Práctica	Pratique
Ritmo	Rythme
Solo	Solo
Técnica	Technique

Barbacoas
Barbecues

Almuerzo	Déjeuner
Caliente	Chaud
Cebollas	Oignons
Cena	Dîner
Cuchillos	Couteaux
Ensaladas	Salades
Familia	Famille
Fruta	Fruit
Hambre	Faim
Juegos	Jeux
Música	Musique
Niños	Enfants
Parrilla	Gril
Pimienta	Poivre
Pollo	Poulet
Sal	Sel
Salsa	Sauce
Tomates	Tomates
Verano	Été
Verduras	Légumes

Barcos
Bateaux

Ancla	Ancre
Balsa	Radeau
Boya	Bouée
Canoa	Canoë
Cuerda	Corde
Ferry	Ferry
Kayak	Kayak
Lago	Lac
Mar	Mer
Marea	Marée
Marinero	Marin
Marítimo	Maritime
Mástil	Mât
Motor	Moteur
Náutico	Nautique
Océano	Océan
Río	Fleuve
Tripulación	Équipage
Velero	Voilier
Yate	Yacht

Belleza
Beauté

Aceites	Huiles
Champú	Shampooing
Color	Couleur
Cosméticos	Cosmétique
Elegancia	Élégance
Elegante	Élégant
Encanto	Charme
Espejo	Miroir
Estilista	Styliste
Fotogénico	Photogénique
Fragancia	Parfum
Gracia	Grâce
Maquillaje	Maquillage
Piel	Peau
Productos	Produits
Rizos	Boucles
Rímel	Mascara
Servicios	Services
Suave	Lisse
Tijeras	Ciseaux

Biología
Biologie

Anatomía	Anatomie
Bacterias	Bactéries
Celda	Cellule
Colágeno	Collagène
Cromosoma	Chromosome
Embrión	Embryon
Enzima	Enzyme
Evolución	Évolution
Fotosíntesis	Photosynthèse
Hormona	Hormone
Mamífero	Mammifère
Mutación	Mutation
Natural	Naturel
Nervio	Nerf
Neurona	Neurone
Ósmosis	Osmose
Proteína	Protéine
Reptil	Reptile
Simbiosis	Symbiose
Sinapsis	Synapse

Boxeo
Boxe

Árbitro	Arbitre
Barbilla	Menton
Campana	Cloche
Centrar	Concentrer
Codo	Coude
Cuerdas	Cordes
Cuerpo	Corps
Esquina	Coin
Exhausto	Épuisé
Fuerza	Force
Guantes	Gants
Habilidad	Compétence
Lesiones	Blessures
Luchador	Combattant
Oponente	Adversaire
Patear	Coup
Puntos	Points
Puño	Poing
Rápido	Rapide
Recuperación	Récupération

Café
Café

Agua	Eau
Amargo	Amer
Aroma	Arôme
Asado	Rôti
Azúcar	Sucre
Ácido	Acide
Bebida	Boisson
Cafeína	Caféine
Crema	Crème
Filtro	Filtre
Leche	Lait
Líquido	Liquide
Mañana	Matin
Moler	Moudre
Negro	Noir
Origen	Origine
Precio	Prix
Sabor	Saveur
Taza	Tasse
Variedad	Variété

Calentamiento Global
Réchauffement Climatique

Ahora	Maintenant
Atención	Attention
Ártico	Arctique
Científico	Scientifique
Clima	Climat
Consecuencias	Conséquences
Crisis	Crise
Datos	Données
Desarrollo	Développement
Energía	Énergie
Futuro	Futur
Gas	Gaz
Generaciones	Générations
Gobierno	Gouvernement
Industria	Industrie
Internacional	International
Legislación	Législation
Poblaciones	Populations
Significativo	Significatif
Temperaturas	Températures

Camping
Camping

Animales	Animaux
Aventura	Aventure
Árboles	Arbres
Bosque	Forêt
Brújula	Boussole
Cabina	Cabine
Canoa	Canoë
Caza	Chasse
Cuerda	Corde
Equipo	Équipement
Fuego	Feu
Hamaca	Hamac
Insecto	Insecte
Lago	Lac
Linterna	Lanterne
Luna	Lune
Mapa	Carte
Montaña	Montagne
Naturaleza	Nature
Sombrero	Chapeau

Casa
Maison

Alfombra	Tapis
Ático	Grenier
Biblioteca	Bibliothèque
Chimenea	Cheminée
Cocina	Cuisine
Ducha	Douche
Escoba	Balai
Espejo	Miroir
Garaje	Garage
Grifo	Robinet
Habitación	Chambre
Jardín	Jardin
Lámpara	Lampe
Pared	Mur
Piso	Sol
Puerta	Porte
Sótano	Sous-Sol
Techo	Toit
Valla	Clôture
Ventana	Fenêtre

Chocolate
Chocolat

Amargo	Amer
Antioxidante	Antioxydant
Aroma	Arôme
Artesanal	Artisanal
Azúcar	Sucre
Cacahuetes	Cacahuètes
Cacao	Cacao
Calidad	Qualité
Calorías	Calories
Caramelo	Caramel
Coco	Noix de Coco
Delicioso	Délicieux
Dulce	Doux
Exótico	Exotique
Favorito	Favori
Gusto	Goût
Ingrediente	Ingrédient
Polvo	Poudre
Receta	Recette
Sabor	Saveur

Ciencia
Science

Átomo	Atome
Científico	Scientifique
Clima	Climat
Datos	Données
Evolución	Évolution
Experimento	Expérience
Física	Physique
Fósil	Fossile
Gravedad	Gravité
Hecho	Fait
Hipótesis	Hypothèse
Laboratorio	Laboratoire
Método	Méthode
Minerales	Minéraux
Moléculas	Molécules
Naturaleza	Nature
Organismo	Organisme
Partículas	Particules
Plantas	Plantes
Químico	Chimique

Ciencia Ficción
Science-Fiction

Atómico	Atomique
Cine	Cinéma
Distante	Lointain
Explosión	Explosion
Extremo	Extrême
Fantástico	Fantastique
Fuego	Feu
Futurista	Futuriste
Galaxia	Galaxie
Ilusión	Illusion
Imaginario	Imaginaire
Libros	Livres
Misterioso	Mystérieux
Mundo	Monde
Oráculo	Oracle
Planeta	Planète
Realista	Réaliste
Robots	Robots
Tecnología	Technologie
Utopía	Utopie

Ciudad
Ville

Aeropuerto	Aéroport
Banco	Banque
Biblioteca	Bibliothèque
Cine	Cinéma
Clínica	Clinique
Escuela	École
Estadio	Stade
Farmacia	Pharmacie
Florista	Fleuriste
Galería	Galerie
Hotel	Hôtel
Librería	Librairie
Mercado	Marché
Museo	Musée
Panadería	Boulangerie
Supermercado	Supermarché
Teatro	Théâtre
Tienda	Magasin
Universidad	Université
Zoo	Zoo

Cocina
Cuisine

Caldera	Bouilloire
Comida	Nourriture
Congelador	Congélateur
Cucharas	Cuillères
Cucharón	Louche
Cuchillos	Couteaux
Delantal	Tablier
Especias	Épices
Esponja	Éponge
Horno	Four
Jarra	Cruche
Palillos	Baguettes
Parrilla	Gril
Receta	Recette
Refrigerador	Réfrigérateur
Servilleta	Serviette
Tarro	Pot
Tazas	Tasses
Tazón	Bol
Tenedores	Fourchettes

Comida #1
Nourriture #1

Ajo	Ail
Albahaca	Basilic
Atún	Thon
Azúcar	Sucre
Canela	Cannelle
Carne	Viande
Cebada	Orge
Cebolla	Oignon
Ensalada	Salade
Espinacas	Épinard
Fresa	Fraise
Jugo	Jus
Leche	Lait
Limón	Citron
Menta	Menthe
Nabo	Navet
Pera	Poire
Sal	Sel
Sopa	Soupe
Zanahoria	Carotte

Comida #2
Nourriture #2

Alcachofa	Artichaut
Almendra	Amande
Apio	Céleri
Arroz	Riz
Berenjena	Aubergine
Cereza	Cerise
Chocolate	Chocolat
Girasol	Tournesol
Huevo	Oeuf
Jengibre	Gingembre
Kiwi	Kiwi
Manzana	Pomme
Pan	Pain
Plátano	Banane
Pollo	Poulet
Queso	Fromage
Tomate	Tomate
Trigo	Blé
Uva	Raisin
Yogur	Yaourt

Conduciendo
Conduite

Accidente	Accident
Calle	Rue
Camión	Camion
Coche	Voiture
Combustible	Carburant
Frenos	Freins
Garaje	Garage
Gas	Gaz
Licencia	Licence
Mapa	Carte
Motocicleta	Moto
Motor	Moteur
Peatonal	Piéton
Peligro	Danger
Policía	Police
Seguridad	Sécurité
Transporte	Transport
Tráfico	Trafic
Túnel	Tunnel
Velocidad	Vitesse

Creatividad
Créativité

Artístico	Artistique
Autenticidad	Authenticité
Claridad	Clarté
Dramático	Dramatique
Emociones	Émotions
Espontáneo	Spontané
Expresión	Expression
Fluidez	Fluidité
Habilidad	Compétence
Ideas	Idées
Imagen	Image
Imaginación	Imagination
Impresión	Impression
Inspiración	Inspiration
Intensidad	Intensité
Intuición	Intuition
Inventivo	Inventif
Sensación	Sensation
Visiones	Visions
Vitalidad	Vitalité

Cuerpo Humano
Corps Humain

Barbilla	Menton
Boca	Bouche
Cabeza	Tête
Cara	Visage
Cerebro	Cerveau
Codo	Coude
Corazón	Cœur
Cuello	Cou
Dedo	Doigt
Hombro	Épaule
Lengua	Langue
Mano	Main
Nariz	Nez
Ojo	Oeil
Oreja	Oreille
Piel	Peau
Pierna	Jambe
Rodilla	Genou
Sangre	Sang
Tobillo	Cheville

Deporte
Sport

Atleta	Athlète
Baile	Danse
Capacidad	Capacité
Ciclismo	Cyclisme
Cuerpo	Corps
Deportes	Sports
Dieta	Diète
Entrenador	Entraîneur
Estiramiento	Étirement
Fuerza	Force
Huesos	Os
Maximizar	Maximiser
Metabólico	Métabolique
Músculos	Muscles
Nadar	Nager
Nutrición	Nutrition
Programa	Programme
Resistencia	Endurance
Respirar	Respirer
Salud	Santé

Diplomacia
Diplomatie

Asesor	Conseiller
Comunidad	Communauté
Conflicto	Conflit
Cooperación	Coopération
Diplomático	Diplomatique
Discusión	Discussion
Embajada	Ambassade
Embajador	Ambassadeur
Extranjero	Étranger
Ética	Éthique
Gobierno	Gouvernement
Humanitario	Humanitaire
Idiomas	Langues
Integridad	Intégrité
Justicia	Justice
Política	Politique
Resolución	Résolution
Seguridad	Sécurité
Solución	Solution
Tratado	Traité

Disciplinas Científicas
Disciplines Scientifiques

Anatomía	Anatomie
Arqueología	Archéologie
Astronomía	Astronomie
Biología	Biologie
Bioquímica	Biochimie
Botánica	Botanique
Ecología	Écologie
Fisiología	Physiologie
Geología	Géologie
Inmunología	Immunologie
Lingüística	Linguistique
Mecánica	Mécanique
Meteorología	Météorologie
Mineralogía	Minéralogie
Neurología	Neurologie
Nutrición	Nutrition
Psicología	Psychologie
Química	Chimie
Sociología	Sociologie
Zoología	Zoologie

Días y Meses
Jours et Mois

Abril	Avril
Agosto	Août
Año	Année
Calendario	Calendrier
Domingo	Dimanche
Enero	Janvier
Febrero	Février
Jueves	Jeudi
Julio	Juillet
Junio	Juin
Lunes	Lundi
Martes	Mardi
Mes	Mois
Miércoles	Mercredi
Noviembre	Novembre
Octubre	Octobre
Sábado	Samedi
Semana	Semaine
Septiembre	Septembre
Viernes	Vendredi

Ecología
Écologie

Clima	Climat
Comunidades	Communautés
Diversidad	Diversité
Especie	Espèce
Fauna	Faune
Flora	Flore
Global	Global
Hábitat	Habitat
Marino	Marin
Natural	Naturel
Naturaleza	Nature
Pantano	Marais
Plantas	Plantes
Recursos	Ressources
Sequía	Sécheresse
Sostenible	Durable
Supervivencia	Survie
Variedad	Variété
Vegetación	Végétation
Voluntarios	Bénévoles

Edificios
Bâtiments

Apartamento	Appartement
Cabina	Cabine
Castillo	Château
Cine	Cinéma
Embajada	Ambassade
Escuela	École
Estadio	Stade
Fábrica	Usine
Garaje	Garage
Granero	Grange
Granja	Ferme
Hospital	Hôpital
Hotel	Hôtel
Laboratorio	Laboratoire
Museo	Musée
Observatorio	Observatoire
Supermercado	Supermarché
Teatro	Théâtre
Torre	Tour
Universidad	Université

Electricidad
Électricité

Almacenamiento	Stockage
Batería	Batterie
Bombilla	Ampoule
Cable	Câble
Cables	Fils
Cantidad	Quantité
Electricista	Électricien
Eléctrico	Électrique
Enchufe	Prise
Equipo	Équipement
Generador	Générateur
Imán	Aimant
Lámpara	Lampe
Láser	Laser
Negativo	Négatif
Objetos	Objets
Positivo	Positif
Red	Réseau
Televisión	Télévision
Teléfono	Téléphone

Emociones
Émotions

Aburrimiento	Ennui
Agradecido	Reconnaissant
Alegría	Joie
Alivio	Relief
Amor	Amour
Avergonzado	Embarrassé
Bondad	Gentillesse
Calma	Calme
Contenido	Contenu
Emocionado	Excité
Ira	Colère
Miedo	Peur
Paz	Paix
Relajado	Détendu
Satisfecho	Satisfait
Simpatía	Sympathie
Sorpresa	Surprise
Ternura	Tendresse
Tranquilidad	Tranquillité
Tristeza	Tristesse

Energía
Énergie

Batería	Batterie
Calor	Chaleur
Carbono	Carbone
Combustible	Carburant
Contaminación	Pollution
Diesel	Diesel
Electrón	Électron
Eléctrico	Électrique
Entropía	Entropie
Fotón	Photon
Gasolina	Essence
Hidrógeno	Hydrogène
Industria	Industrie
Motor	Moteur
Nuclear	Nucléaire
Renovable	Renouvelable
Sol	Soleil
Turbina	Turbine
Vapor	Vapeur
Viento	Vent

Enfermedad
Maladie

Abdominal	Abdominal
Alergias	Allergies
Bienestar	Bien-Être
Contagioso	Contagieux
Corazón	Cœur
Crónica	Chronique
Cuerpo	Corps
Débil	Faible
Genético	Génétique
Hereditario	Héréditaire
Huesos	Os
Inflamación	Inflammation
Inmunidad	Immunité
Lumbar	Lombaire
Neuropatía	Neuropathie
Pulmonar	Pulmonaire
Respiratorio	Respiratoire
Salud	Santé
Síndrome	Syndrome
Terapia	Thérapie

Especias
Épices

Agrio	Aigre
Ajo	Ail
Amargo	Amer
Anís	Anis
Azafrán	Safran
Canela	Cannelle
Cebolla	Oignon
Clavo	Girofle
Comino	Cumin
Curry	Curry
Dulce	Doux
Hinojo	Fenouil
Jengibre	Gingembre
Nuez Moscada	Muscade
Pimentón	Paprika
Pimienta	Poivre
Regaliz	Réglisse
Sabor	Saveur
Sal	Sel
Vainilla	Vanille

Ética
Éthique

Altruismo	Altruisme
Benevolente	Bienveillant
Bondad	Gentillesse
Compasión	Compassion
Cooperación	Coopération
Dignidad	Dignité
Diplomático	Diplomatique
Filosofía	Philosophie
Honestidad	Honnêteté
Humanidad	Humanité
Integridad	Intégrité
Optimismo	Optimisme
Paciencia	Patience
Racionalidad	Rationalité
Razonable	Raisonnable
Realismo	Réalisme
Respetuoso	Respectueux
Sabiduría	Sagesse
Tolerancia	Tolérance
Valores	Valeurs

Familia
Famille

Abuela	Grand-Mère
Abuelo	Grand-Père
Antepasado	Ancêtre
Esposa	Femme
Hermana	Soeur
Hermano	Frère
Hija	Fille
Infancia	Enfance
Madre	Mère
Marido	Mari
Materno	Maternel
Nieto	Petit-Fils
Niño	Enfant
Niños	Enfants
Padre	Père
Primo	Cousin
Sobrina	Nièce
Sobrino	Neveu
Tía	Tante
Tío	Oncle

Física
Physique

Aceleración	Accélération
Átomo	Atome
Caos	Chaos
Densidad	Densité
Electrón	Électron
Fórmula	Formule
Frecuencia	Fréquence
Gas	Gaz
Gravedad	Gravité
Magnetismo	Magnétisme
Masa	Masse
Mecánica	Mécanique
Molécula	Molécule
Motor	Moteur
Nuclear	Nucléaire
Partícula	Particule
Químico	Chimique
Relatividad	Relativité
Universal	Universel
Velocidad	Vitesse

Flores
Fleurs

Amapola	Pavot
Diente de León	Pissenlit
Gardenia	Gardénia
Girasol	Tournesol
Hibisco	Hibiscus
Jazmín	Jasmin
Lavanda	Lavande
Lila	Lilas
Lirio	Lys
Magnolia	Magnolia
Margarita	Marguerite
Narciso	Jonquille
Orquídea	Orchidée
Pasionaria	Passiflore
Peonía	Pivoine
Pétalo	Pétale
Ramo	Bouquet
Rosa	Rose
Trébol	Trèfle
Tulipán	Tulipe

Formas
Formes

Arco	Arc
Bordes	Bords
Cilindro	Cylindre
Círculo	Cercle
Cono	Cône
Cuadrado	Carré
Cubo	Cube
Curva	Courbe
Elipse	Ellipse
Esfera	Sphère
Esquina	Coin
Hipérbola	Hyperbole
Lado	Côté
Línea	Ligne
Oval	Ovale
Pirámide	Pyramide
Polígono	Polygone
Prisma	Prisme
Rectángulo	Rectangle
Triángulo	Triangle

Fruta
Fruit

Aguacate	Avocat
Albaricoque	Abricot
Baya	Baie
Cereza	Cerise
Coco	Noix de Coco
Frambuesa	Framboise
Guayaba	Goyave
Kiwi	Kiwi
Limón	Citron
Mango	Mangue
Manzana	Pomme
Melocotón	Pêche
Melón	Melon
Naranja	Orange
Nectarina	Nectarine
Papaya	Papaye
Pera	Poire
Piña	Ananas
Plátano	Banane
Uva	Raisin

Fuerza y Gravedad
Force et Gravité

Centro	Centre
Descubrimiento	Découverte
Dinámico	Dynamique
Distancia	Distance
Eje	Axe
Expansión	Expansion
Física	Physique
Fricción	Friction
Impacto	Impact
Magnetismo	Magnétisme
Magnitud	Magnitude
Mecánica	Mécanique
Órbita	Orbite
Peso	Poids
Planetas	Planètes
Presión	Pression
Propiedades	Propriétés
Tiempo	Temps
Universal	Universel
Velocidad	Vitesse

Geografía
Géographie

Altitud	Altitude
Atlas	Atlas
Ciudad	Ville
Continente	Continent
Hemisferio	Hémisphère
Isla	Île
Latitud	Latitude
Longitud	Longitude
Mapa	Carte
Mar	Mer
Meridiano	Méridien
Montaña	Montagne
Mundo	Monde
Norte	Nord
Oeste	Ouest
País	Pays
Región	Région
Río	Fleuve
Sur	Sud
Territorio	Territoire

Geología
Géologie

Ácido	Acide
Calcio	Calcium
Capa	Couche
Caverna	Caverne
Continente	Continent
Coral	Corail
Cristales	Cristaux
Cuarzo	Quartz
Erosión	Érosion
Estalactita	Stalactite
Estalagmitas	Stalagmites
Fósil	Fossile
Géiser	Geyser
Lava	Lave
Meseta	Plateau
Minerales	Minéraux
Piedra	Pierre
Sal	Sel
Volcán	Volcan
Zona	Zone

Geometría
Géométrie

Altura	Hauteur
Ángulo	Angle
Cálculo	Calcul
Curva	Courbe
Diámetro	Diamètre
Dimensión	Dimension
Ecuación	Équation
Horizontal	Horizontal
Lógica	Logique
Masa	Masse
Mediana	Médian
Número	Nombre
Paralelo	Parallèle
Proporción	Proportion
Segmento	Segment
Simetría	Symétrie
Superficie	Surface
Teoría	Théorie
Triángulo	Triangle
Vertical	Vertical

Gobierno
Gouvernement

Ciudadanía	Citoyenneté
Civil	Civil
Constitución	Constitution
Democracia	Démocratie
Discurso	Discours
Discusión	Discussion
Distrito	District
Estado	État
Igualdad	Égalité
Independencia	Indépendance
Judicial	Judiciaire
Justicia	Justice
Ley	Loi
Libertad	Liberté
Líder	Leader
Monumento	Monument
Nacional	National
Nación	Nation
Política	Politique
Símbolo	Symbole

Granja #1
Ferme #1

Abeja	Abeille
Agricultura	Agriculture
Agua	Eau
Arroz	Riz
Burro	Âne
Caballo	Cheval
Cabra	Chèvre
Campo	Champ
Cuervo	Corbeau
Fertilizante	Engrais
Gato	Chat
Heno	Foin
Miel	Miel
Perro	Chien
Pollo	Poulet
Semillas	Graines
Ternero	Veau
Tierra	Terre
Vaca	Vache
Valla	Clôture

Granja #2
Ferme #2

Agricultor	Agriculteur
Animales	Animaux
Cebada	Orge
Colmena	Ruche
Comida	Nourriture
Cordero	Agneau
Fruta	Fruit
Granero	Grange
Huerto	Verger
Leche	Lait
Llama	Lama
Maíz	Maïs
Oveja	Mouton
Pastor	Berger
Pato	Canard
Prado	Pré
Riego	Irrigation
Tractor	Tracteur
Trigo	Blé
Vegetal	Légume

Herboristería
Herboristerie

Ajo	Ail
Albahaca	Basilic
Aromático	Aromatique
Azafrán	Safran
Calidad	Qualité
Culinario	Culinaire
Eneldo	Aneth
Estragón	Estragon
Flor	Fleur
Hinojo	Fenouil
Ingrediente	Ingrédient
Jardín	Jardin
Lavanda	Lavande
Mejorana	Marjolaine
Menta	Menthe
Perejil	Persil
Planta	Plante
Romero	Romarin
Sabor	Saveur
Verde	Vert

Ingeniería
Ingénierie

Ángulo	Angle
Cálculo	Calcul
Construcción	Construction
Diagrama	Diagramme
Diámetro	Diamètre
Diesel	Diesel
Distribución	Distribution
Eje	Axe
Energía	Énergie
Estabilidad	Stabilité
Estructura	Structure
Fricción	Friction
Fuerza	Force
Líquido	Liquide
Máquina	Machine
Medición	Mesure
Motor	Moteur
Palancas	Leviers
Profundidad	Profondeur
Propulsión	Propulsion

Instrumentos Musicales
Instruments de Musique

Armónica	Harmonica
Arpa	Harpe
Banjo	Banjo
Clarinete	Clarinette
Fagot	Basson
Flauta	Flûte
Gong	Gong
Guitarra	Guitare
Mandolina	Mandoline
Marimba	Marimba
Oboe	Hautbois
Pandereta	Tambourin
Percusión	Percussion
Piano	Piano
Saxofón	Saxophone
Tambor	Tambour
Trombón	Trombone
Trompeta	Trompette
Violín	Violon
Violonchelo	Violoncelle

Jardinería
Jardinage

Agua	Eau
Botánico	Botanique
Clima	Climat
Comestible	Comestible
Compost	Compost
Contenedor	Récipient
Especie	Espèce
Estacional	Saisonnier
Exótico	Exotique
Flor	Fleur
Floral	Floral
Follaje	Feuillage
Hoja	Feuille
Huerto	Verger
Humedad	Humidité
Manguera	Tuyau
Ramo	Bouquet
Semillas	Graines
Suciedad	Saleté
Suelo	Sol

Jardín
Jardin

Arbusto	Buisson
Árbol	Arbre
Banco	Banc
Césped	Pelouse
Estanque	Étang
Flor	Fleur
Garaje	Garage
Hamaca	Hamac
Hierba	Herbe
Huerto	Verger
Jardín	Jardin
Manguera	Tuyau
Pala	Pelle
Porche	Porche
Rastrillo	Râteau
Rocas	Roches
Suelo	Sol
Terraza	Terrasse
Trampolín	Trampoline
Valla	Clôture

Jazz
Jazz

Artista	Artiste
Álbum	Album
Canción	Chanson
Composición	Composition
Compositor	Compositeur
Concierto	Concert
Estilo	Style
Énfasis	Accent
Famoso	Célèbre
Favoritos	Favoris
Género	Genre
Improvisación	Improvisation
Música	Musique
Nuevo	Nouveau
Orquesta	Orchestre
Ritmo	Rythme
Talento	Talent
Tambores	Tambours
Técnica	Technique
Viejo	Vieux

La Empresa
L'Entreprise

Calidad	Qualité
Creativo	Créatif
Decisión	Décision
Empleo	Emploi
Global	Global
Industria	Industrie
Ingresos	Revenu
Innovador	Innovant
Negocio	Affaires
Posibilidad	Possibilité
Presentación	Présentation
Producto	Produit
Profesional	Professionnel
Progreso	Progrès
Recursos	Ressources
Reputación	Réputation
Riesgos	Risques
Salarios	Salaire
Tendencias	Tendances
Unidades	Unités

Libros
Livres

Autor	Auteur
Aventura	Aventure
Colección	Collection
Contexto	Contexte
Dualidad	Dualité
Escrito	Écrit
Historia	Histoire
Histórico	Historique
Humorístico	Humoristique
Inventivo	Inventif
Lector	Lecteur
Literario	Littéraire
Narrador	Narrateur
Novela	Roman
Página	Page
Pertinente	Pertinent
Poema	Poème
Poesía	Poésie
Serie	Série
Trágico	Tragique

Literatura
Littérature

Analogía	Analogie
Análisis	Analyse
Anécdota	Anecdote
Autor	Auteur
Biografía	Biographie
Comparación	Comparaison
Conclusión	Conclusion
Descripción	Description
Diálogo	Dialogue
Estilo	Style
Ficción	Fiction
Metáfora	Métaphore
Narrador	Narrateur
Novela	Roman
Poema	Poème
Poético	Poétique
Rima	Rime
Ritmo	Rythme
Tema	Thème
Tragedia	Tragédie

Los Medios de Comunicación
Les Médias

Actitudes	Attitudes
Comercial	Commercial
Comunicación	Communication
Digital	Numérique
Edición	Édition
Educación	Éducation
En Línea	En Ligne
Financiación	Financement
Fotos	Photos
Hechos	Faits
Industria	Industrie
Intelectual	Intellectuel
Local	Local
Opinión	Opinion
Periódicos	Journaux
Público	Public
Radio	Radio
Red	Réseau
Revistas	Magazines
Televisión	Télévision

Mamíferos
Mammifères

Ballena	Baleine
Burro	Âne
Caballo	Cheval
Camello	Chameau
Canguro	Kangourou
Cebra	Zèbre
Conejo	Lapin
Coyote	Coyote
Delfín	Dauphin
Elefante	Éléphant
Gato	Chat
Gorila	Gorille
Jirafa	Girafe
Lobo	Loup
Mono	Singe
Oso	Ours
Oveja	Mouton
Perro	Chien
Toro	Taureau
Zorro	Renard

Matemáticas
Mathématiques

Aritmética	Arithmétique
Ángulos	Angles
Circunferencia	Circonférence
Cuadrado	Carré
Decimal	Décimal
Diámetro	Diamètre
Ecuación	Équation
Esfera	Sphère
Exponente	Exposant
Fracción	Fraction
Geometría	Géométrie
Números	Nombres
Paralelo	Parallèle
Perímetro	Périmètre
Polígono	Polygone
Radio	Rayon
Rectángulo	Rectangle
Simetría	Symétrie
Triángulo	Triangle
Volumen	Volume

Mediciones
Mesures

Altura	Hauteur
Ancho	Largeur
Byte	Octet
Centímetro	Centimètre
Decimal	Décimal
Grado	Degré
Gramo	Gramme
Kilogramo	Kilogramme
Kilómetro	Kilomètre
Litro	Litre
Longitud	Longueur
Masa	Masse
Metro	Mètre
Minuto	Minute
Onza	Once
Peso	Poids
Profundidad	Profondeur
Pulgada	Pouce
Tonelada	Tonne
Volumen	Volume

Meditación
Méditation

Aceptación	Acceptation
Atención	Attention
Bondad	Gentillesse
Calma	Calme
Claridad	Clarté
Compasión	Compassion
Emociones	Émotions
Gratitud	Gratitude
Mental	Mental
Mente	Esprit
Movimiento	Mouvement
Música	Musique
Naturaleza	Nature
Observación	Observation
Paz	Paix
Pensamientos	Pensées
Perspectiva	Perspective
Postura	Posture
Respiración	Respiration
Silencio	Silence

Mitología
Mythologie

Arquetipo	Archétype
Celos	Jalousie
Cielo	Ciel
Comportamiento	Comportement
Creación	Création
Creencias	Croyances
Criatura	Créature
Cultura	Culture
Desastre	Catastrophe
Fuerza	Force
Guerrero	Guerrier
Héroe	Héros
Inmortalidad	Immortalité
Laberinto	Labyrinthe
Leyenda	Légende
Monstruo	Monstre
Mortal	Mortel
Rayo	Éclair
Trueno	Tonnerre
Venganza	Vengeance

Moda
Mode

Bordado	Broderie
Botones	Boutons
Boutique	Boutique
Caro	Cher
Elegante	Élégant
Encaje	Dentelle
Estilo	Style
Mediciones	Mesures
Minimalista	Minimaliste
Moderno	Moderne
Modesto	Modeste
Original	Original
Patrón	Modèle
Práctico	Pratique
Ropa	Vêtements
Sencillo	Simple
Sofisticado	Sophistiqué
Tejido	Tissu
Tendencia	Tendance
Textura	Texture

Música
Musique

Armonía	Harmonie
Armónico	Harmonique
Álbum	Album
Balada	Ballade
Cantante	Chanteur
Cantar	Chanter
Clásico	Classique
Coro	Chœur
Improvisar	Improviser
Instrumento	Instrument
Melodía	Mélodie
Micrófono	Microphone
Musical	Musical
Músico	Musicien
Ópera	Opéra
Poético	Poétique
Ritmo	Rythme
Rítmico	Rythmique
Tempo	Tempo
Vocal	Vocal

Naturaleza
Nature

Abejas	Abeilles
Animales	Animaux
Ártico	Arctique
Belleza	Beauté
Bosque	Forêt
Desierto	Désert
Dinámico	Dynamique
Erosión	Érosion
Follaje	Feuillage
Glaciar	Glacier
Niebla	Brouillard
Nubes	Nuage
Pacífico	Paisible
Refugio	Abri
Río	Fleuve
Salvaje	Sauvage
Santuario	Sanctuaire
Sereno	Serein
Tropical	Tropical
Vital	Vital

Negocio
Entreprise

Carrera	Carrière
Costo	Coût
Descuento	Réduction
Dinero	Argent
Economía	Économie
Empleado	Employé
Empleador	Employeur
Empresa	Entreprise
Fábrica	Usine
Finanzas	Finance
Impuestos	Impôts
Mercancía	Marchandise
Moneda	Devise
Oficina	Bureau
Personal	Personnel
Presupuesto	Budget
Tienda	Boutique
Trabajo	Emploi
Transacción	Transaction
Venta	Vente

Nutrición
Nutrition

Amargo	Amer
Apetito	Appétit
Calidad	Qualité
Calorías	Calories
Carbohidratos	Glucides
Cereales	Céréales
Comestible	Comestible
Dieta	Diète
Digestión	Digestion
Equilibrado	Équilibré
Fermentación	Fermentation
Nutriente	Nutritif
Peso	Poids
Proteínas	Protéines
Sabor	Saveur
Salsa	Sauce
Salud	Santé
Saludable	Sain
Toxina	Toxine
Vitamina	Vitamine

Números
Nombres

Catorce	Quatorze
Cero	Zéro
Cinco	Cinq
Cuatro	Quatre
Decimal	Décimal
Diecinueve	Dix-Neuf
Dieciocho	Dix-Huit
Dieciséis	Seize
Diecisiete	Dix-Sept
Diez	Dix
Doce	Douze
Dos	Deux
Nueve	Neuf
Ocho	Huit
Quince	Quinze
Seis	Six
Siete	Sept
Trece	Treize
Tres	Trois
Veinte	Vingt

Océano
Océan

Alga	Algue
Anguila	Anguille
Arrecife	Récif
Atún	Thon
Ballena	Baleine
Barco	Bateau
Camarón	Crevette
Cangrejo	Crabe
Coral	Corail
Delfín	Dauphin
Esponja	Éponge
Mareas	Marées
Medusa	Méduse
Ostra	Huître
Pescado	Poisson
Pulpo	Poulpe
Sal	Sel
Tiburón	Requin
Tormenta	Tempête
Tortuga	Tortue

Paisajes
Paysages

Cascada	Cascade
Cueva	Grotte
Desierto	Désert
Estuario	Estuaire
Géiser	Geyser
Glaciar	Glacier
Iceberg	Iceberg
Isla	Île
Lago	Lac
Laguna	Lagune
Mar	Mer
Montaña	Montagne
Oasis	Oasis
Pantano	Marais
Península	Péninsule
Playa	Plage
Río	Fleuve
Tundra	Toundra
Valle	Vallée
Volcán	Volcan

Países #1
Pays #1

Alemania	Allemagne
Argentina	Argentine
Bélgica	Belgique
Brasil	Brésil
Canadá	Canada
Ecuador	Équateur
Egipto	Egypte
España	Espagne
Filipinas	Philippines
Honduras	Honduras
India	Inde
Italia	Italie
Libia	Libye
Malí	Mali
Marruecos	Maroc
Nicaragua	Nicaragua
Noruega	Norvège
Panamá	Panama
Polonia	Pologne
Venezuela	Venezuela

Países #2
Pays #2

Albania	Albanie
Australia	Australie
Austria	Autriche
Dinamarca	Danemark
Etiopía	Ethiopie
Francia	France
Grecia	Grèce
Indonesia	Indonésie
Irlanda	Irlande
Jamaica	Jamaïque
Japón	Japon
Laos	Laos
México	Mexique
Pakistán	Pakistan
Portugal	Portugal
Rusia	Russie
Siria	Syrie
Sudán	Soudan
Ucrania	Ukraine
Uganda	Ouganda

Pájaros
Oiseaux

Avestruz	Autruche
Águila	Aigle
Cigüeña	Cigogne
Cisne	Cygne
Cuco	Coucou
Cuervo	Corbeau
Flamenco	Flamant
Ganso	Oie
Garza	Héron
Gaviota	Mouette
Gorrión	Moineau
Halcón	Faucon
Huevo	Oeuf
Loro	Perroquet
Paloma	Colombe
Pato	Canard
Pelícano	Pélican
Pingüino	Manchot
Pollo	Poulet
Tucán	Toucan

Plantas
Plantes

Arbusto	Buisson
Árbol	Arbre
Bambú	Bambou
Baya	Baie
Bosque	Forêt
Botánica	Botanique
Cactus	Cactus
Fertilizante	Engrais
Flor	Fleur
Flora	Flore
Follaje	Feuillage
Frijol	Haricot
Hiedra	Lierre
Hierba	Herbe
Hoja	Feuille
Jardín	Jardin
Musgo	Mousse
Pétalo	Pétale
Raíz	Racine
Vegetación	Végétation

Profesiones #1
Professions #1

Abogado	Avocat
Astrónomo	Astronome
Atleta	Athlète
Bailarín	Danseur
Banquero	Banquier
Bombero	Pompier
Cartógrafo	Cartographe
Cazador	Chasseur
Doctor	Médecin
Editor	Éditeur
Embajador	Ambassadeur
Enfermera	Infirmière
Entrenador	Entraîneur
Fontanero	Plombier
Geólogo	Géologue
Joyero	Bijoutier
Músico	Musicien
Pianista	Pianiste
Psicólogo	Psychologue
Veterinario	Vétérinaire

Profesiones #2
Professions #2

Agricultor	Agriculteur
Astronauta	Astronaute
Biólogo	Biologiste
Cirujano	Chirurgien
Dentista	Dentiste
Detective	Détective
Filósofo	Philosophe
Fotógrafo	Photographe
Ilustrador	Illustrateur
Ingeniero	Ingénieur
Inventor	Inventeur
Investigador	Chercheur
Jardinero	Jardinier
Lingüista	Linguiste
Médico	Médecin
Periodista	Journaliste
Piloto	Pilote
Pintor	Peintre
Profesor	Enseignant
Zoólogo	Zoologiste

Psicología
Psychologie

Cita	Rendez-Vous
Clínico	Clinique
Cognición	Cognition
Comportamiento	Comportement
Conflicto	Conflit
Ego	Ego
Emociones	Émotions
Evaluación	Évaluation
Ideas	Idées
Inconsciente	Inconscient
Infancia	Enfance
Pensamientos	Pensées
Percepción	Perception
Personalidad	Personnalité
Problema	Problème
Realidad	Réalité
Sensación	Sensation
Subconsciente	Subconscient
Sueños	Rêves
Terapia	Thérapie

Química
Chimie

Alcalino	Alcalin
Ácido	Acide
Calor	Chaleur
Carbono	Carbone
Catalizador	Catalyseur
Cloro	Chlore
Electrón	Électron
Enzima	Enzyme
Gas	Gaz
Hidrógeno	Hydrogène
Ion	Ion
Líquido	Liquide
Metales	Métaux
Molécula	Molécule
Nuclear	Nucléaire
Oxígeno	Oxygène
Peso	Poids
Reacción	Réaction
Sal	Sel
Temperatura	Température

Restaurante #2
Restaurant #2

Agua	Eau
Almuerzo	Déjeuner
Aperitivo	Apéritif
Bebida	Boisson
Camarero	Serveur
Cena	Dîner
Cuchara	Cuillère
Delicioso	Délicieux
Ensalada	Salade
Especias	Épices
Fruta	Fruit
Hielo	Glace
Huevos	Oeuf
Pastel	Gâteau
Pescado	Poisson
Sal	Sel
Silla	Chaise
Sopa	Soupe
Tenedor	Fourchette
Verduras	Légumes

Ropa
Vêtements

Abrigo	Manteau
Blusa	Chemisier
Bufanda	Foulard
Camisa	Chemise
Chaqueta	Veste
Cinturón	Ceinture
Collar	Collier
Delantal	Tablier
Falda	Jupe
Guantes	Gants
Joyas	Bijoux
Moda	Mode
Pantalones	Pantalon
Pijama	Pyjama
Pulsera	Bracelet
Sandalias	Sandales
Sombrero	Chapeau
Suéter	Pull
Vestido	Robe
Zapato	Chaussure

Salud y Bienestar #1
Santé et Bien-Être #1

Activo	Actif
Altura	Hauteur
Bacterias	Bactéries
Clínica	Clinique
Doctor	Médecin
Farmacia	Pharmacie
Fractura	Fracture
Hambre	Faim
Hábito	Habitude
Hormonas	Hormone
Huesos	Os
Medicina	Médicament
Músculos	Muscles
Piel	Peau
Postura	Posture
Reflejo	Réflexe
Relajación	Relaxation
Terapia	Thérapie
Tratamiento	Traitement
Virus	Virus

Salud y Bienestar #2
Santé et Bien-Être #2

Alergia	Allergie
Anatomía	Anatomie
Apetito	Appétit
Caloría	Calorie
Dieta	Diète
Digestión	Digestion
Energía	Énergie
Enfermedad	Maladie
Estrés	Stress
Genética	Génétique
Higiene	Hygiène
Hospital	Hôpital
Infección	Infection
Masaje	Massage
Nutrición	Nutrition
Peso	Poids
Recuperación	Récupération
Saludable	Sain
Sangre	Sang
Vitamina	Vitamine

Selva Tropical
Forêt Tropicale

Anfibios	Amphibiens
Botánico	Botanique
Clima	Climat
Comunidad	Communauté
Diversidad	Diversité
Especie	Espèce
Indígena	Indigène
Insectos	Insectes
Mamíferos	Mammifères
Musgo	Mousse
Naturaleza	Nature
Nubes	Nuage
Pájaros	Oiseaux
Preservación	Préservation
Refugio	Refuge
Respeto	Respect
Restauración	Restauration
Selva	Jungle
Supervivencia	Survie
Valioso	Précieux

Senderismo
Randonnée

Acantilado	Falaise
Agua	Eau
Animales	Animaux
Botas	Bottes
Camping	Camping
Cansado	Fatigué
Clima	Climat
Cumbre	Sommet
Guías	Guides
Mapa	Carte
Montaña	Montagne
Mosquitos	Moustiques
Naturaleza	Nature
Orientación	Orientation
Parques	Parcs
Pesado	Lourd
Piedras	Pierres
Preparación	Préparation
Salvaje	Sauvage
Sol	Soleil

Suministros de Arte
Fournitures d'Art

Aceite	Huile
Acrílico	Acrylique
Acuarelas	Aquarelles
Agua	Eau
Arcilla	Argile
Borrador	Gomme
Caballete	Chevalet
Cámara	Caméra
Cepillos	Brosses
Colores	Couleurs
Creatividad	Créativité
Ideas	Idées
Lápices	Crayons
Mesa	Table
Papel	Papier
Pasteles	Pastels
Pegamento	Colle
Pinturas	Peinture
Silla	Chaise
Tinta	Encre

Tiempo
Temps

Ahora	Maintenant
Antes	Avant
Anual	Annuel
Año	Année
Ayer	Hier
Calendario	Calendrier
Década	Décennie
Día	Jour
Futuro	Futur
Hora	Heure
Hoy	Aujourd'Hui
Mañana	Matin
Mediodía	Midi
Mes	Mois
Minuto	Minute
Momento	Moment
Noche	Nuit
Reloj	Horloge
Semana	Semaine
Siglo	Siècle

Tipos de Cabello
Types de Cheveux

Blanco	Blanc
Brillante	Brillant
Calvo	Chauve
Corto	Court
Delgada	Mince
Gris	Gris
Grueso	Épais
Largo	Long
Marrón	Marron
Negro	Noir
Ondulado	Ondulé
Plata	Argent
Rizado	Frisé
Rizos	Boucles
Rubio	Blond
Saludable	Sain
Seco	Sec
Suave	Doux
Trenzado	Tressé
Trenzas	Tresses

Universo
Univers

Asteroide	Astéroïde
Astronomía	Astronomie
Astrónomo	Astronome
Atmósfera	Atmosphère
Celestial	Céleste
Cielo	Ciel
Cósmico	Cosmique
Ecuador	Équateur
Galaxia	Galaxie
Hemisferio	Hémisphère
Horizonte	Horizon
Latitud	Latitude
Longitud	Longitude
Luna	Lune
Oscuridad	Obscurité
Órbita	Orbite
Solar	Solaire
Solsticio	Solstice
Telescopio	Télescope
Visible	Visible

Enhorabuena

Lo has conseguido!

Esperamos que hayas disfrutado de este libro tanto como nosotros al diseñarlo. Nos esforzamos por crear libros de la máxima calidad posible.
Esta edición está diseñada para proporcionar un aprendizaje inteligente, de calidad y divertido!

¿Te ha gustado este libro?

Una Petición Sencilla

Estos libros existen gracias a las reseñas que se publican.
¿Podrías ayudarnos dejando una reseña ahora?
Aquí tienes un breve enlace a la página de reseñas

BestBooksActivity.com/Opiniones50

¡DESAFÍO FINAL!

Reto n°1

¿Estás listo para tu juego gratis? Los utilizamos siempre, pero no son tan fáciles de encontrar. ¡Aquí están los **Sinónimos!**

Escribe 5 palabras que hayas encontrado en los rompecabezas (#21, #36, #76) y trata de encontrar 2 sinónimos para cada palabra.

Escriba 5 palabras del **Puzzle 21**

Palabras	Sinónimo 1	Sinónimo 2

Escriba 5 palabras del **Puzzle 36**

Palabras	Sinónimo 1	Sinónimo 2

Escriba 5 palabras del **Puzzle 76**

Palabras	Sinónimo 1	Sinónimo 2

Reto n°2

Ahora que te has calentado, escribe 5 palabras que hayas encontrado en los Puzzles 9, 17 y 25 e intenta encontrar 2 antónimos para cada palabra. ¿Cuántos puedes encontrar en 20 minutos?

Escriba 5 palabras del **Puzzle 9**

Palabras	Antónimo 1	Antónimo 2

Escriba 5 palabras del **Puzzle 17**

Palabras	Antónimo 1	Antónimo 2

Escriba 5 palabras del **Puzzle 25**

Palabras	Antónimo 1	Antónimo 2

Reto n°3

¡Genial! Este desafío final no es nada para ti.

¿Preparado para el reto final? Elige 10 palabras que hayas descubierto en los diferentes rompecabezas y escríbelas a continuación.

1.	6.
2.	7.
3.	8.
4.	9.
5.	10.

Ahora escribe un texto pensando en una persona, un animal o un lugar que te guste.

Puedes usar la última página de este libro como borrador.

Tu Composición:

CUADERNO DE NOTAS :

HASTA PRONTO !

Todo el Equipo